Kira Klenke

Die Lichtwerkzeuge von Avalon

Kira Klenke

Die Lichtwerkzeuge von Avalon

Durch innere Reisen an Kraftorte Heilung finden

Haftungsausschluss

Die in diesem Buch veröffentlichten Ratschläge und Übungen wurden sorgfältig erarbeitet und haben sich in der Coaching-Arbeit bewährt. Sie ersetzen keine medizinische Diagnose, ärztliche Verordnung oder Behandlung; auch nicht den Besuch bei einem Arzt oder Heilpraktiker. Nutzer der hier vorgestellten Methodik handeln in eigener Verantwortung. Jegliche Garantie der Autorin oder des Verlags für die Nutzung und Befolgung der Ratschläge und Übungen aus diesem Buch ist daher ausgeschlossen, ebenso eine Haftung für Personen-, Sach- und Vermögensschäden.

Im Buch sind Links zu Webseiten, auf deren Inhalte der Verlag keinen Einfluss hat. Für die Inhalte solcher Webseiten wird vom Verlag keine Gewähr übernommen. Es ist stets der jeweilige Anbieter oder Betreiber der Seiten verantwortlich.

Bücher haben feste Preise.

1. Auflage 2020

Kira Klenke
Die Lichtwerkzeuge von Avalon

Titelseite:
Foto: Jason Sturgess, Illustration: Anne Mathiasz,
beide shutterstock.com
Gestaltung: Dragon Design, GB

Satz und Gestaltung:
Dragon Design, GB
Gesetzt aus der Janson Text

Gesamtherstellung: Appel & Klinger, Schneckenlohe
Printed in Germany

ISBN 978-3-89060-770-2

Neue Erde GmbH
Cecilienstr. 29 · 66111 Saarbrücken
Deutschland · Planet Erde
www.neue-erde.de

Widmung

Ich widme dieses Buch unserer wunderschönen Erde. Ich widme es jenen Menschen, die lange vor unserer Zeit gelebt, damals Kraftorte auf unserem Planeten entdeckt und so mitgestaltet haben, dass ihre magische Kraft über Generationen hinweg bis heute aktiv wirkt. Ich widme dieses Buch ebenso jenen, die sich heute um das Wohl dieser Orte kümmern und sicherstellen, dass die Orte und ihre magische Kraft auch zukünftigen Generationen noch zugänglich sein werden. Und ich widme dieses Buch, last not least, jenen Orten selbst, an denen man mühelos erfahren kann, wie sich das Tor zum eigenen Licht und zur inneren Weisheit öffnet.

Inhalt

Eine Kostprobe zu Beginn

Nimm dir jetzt direkt zu Beginn, bevor du mit der Lektüre dieses Buches beginnst, einige Minuten Zeit für eine »Kostprobe«. Probiere jetzt direkt eines der Lichtwerkzeuge praktisch aus. Wende es für dich an, bevor du weiterliest. Schmecke so unvoreingenommen die Erfahrung – deine Erfahrung! – der kraftvollen Energie und Wirkungsweise eines Lichtwerkzeuges.

Für diese Kostprobe benutze »Schnell & Easy I: Heilkräfte aktivieren«, ein Lichtwerkzeug, das sehr schnell, innerhalb von Minuten wirkt. Du findest es auf Seite 18. Es ist das erste Lichtwerkzeug in diesem Buch. Der Anweisungstext ist kurz und ohne weitere Erklärung verständlich. Lies bitte den Ablauf zunächst vollständig durch. Beim zweiten Lese-Durchgang kannst du dann parallel innerlich mitarbeiten.

Um dir die Anwendung dieses Lichtwerkzeugs zum Einstieg leichter zu machen, habe ich den Text als Audio aufgenommen: Die MP3-Datei findest du zum Download unter www.KiraKlenke.de/Kost probe. Damit kannst du dich entspannt zurücklehnen, und meine Stimme führt dich Schritt für Schritt durch den Ablauf.

Lies bitte erst weiter, wenn du deine Kostprobe genommen hast. Nutze die einmalige Chance, völlig unbeeinflusst zu »schmekken« – unbeeinflusst von dem, was du später zu den Lichtwerkzeugen lesen wirst. So kannst du pur erleben, wie sich die Licht- und Wirkkraft ganz aus dir heraus entfalten.

Vorwort

In jedem von uns lebt ein Licht, das strahlend und einzigartig ist. Wir alle besitzen eine Art inneren Kompass, der uns verlässlich, liebevoll und sicher dorthin führen kann, wo wir lebendig, voller Lebenslust, sinnerfüllt und kraftvoll sind. Aber wie – oder wo? – finden wir den Zugang dazu?

Es gibt Orte, dazu gehören die sogenannten Kraftorte, an denen sich genau dieser Zugang auf magische Weise leicht und ganz natürlich öffnet. In diesem Buch erfährst du, wie du dich mit dem heiligen Bewusstseinsfeld solch kraftvoller Portal-Orte, auch ohne weite Reisen auf dich nehmen zu müssen, von zu Hause aus verbinden kannst.

Jeder Kraftort ist, so ähnlich wie wir Menschen auch, einzigartig. Er besitzt sein ganz eigenes Energiefeld, welches dann in uns jeweils ein besonderes Potenzial und eine bestimmte »innere Tür« öffnet. Wir erhalten dort Lichtwerkzeuge, die uns helfen, zu wachsen, und die uns unterstützen, authentisch unsere Wahrheit und unsere wahre Natur zu leben.

In diesem Buch lernst du leicht verständlich, Schritt für Schritt und spielerisch fünfzehn Lichtwerkzeuge kennen, die dir das Tor zu spiritueller Magie und Heilkräften öffnen. Die Lichtwerkzeuge ermöglichen beispielsweise eine Aktivierung des inneren Kompasses oder die Fähigkeit, in einer schwierigen Situation in dir selbst Rat oder Antwort auf drängende Fragen zu finden. Es gibt Lichtwerkzeuge, die dich unterstützen, lang Ersehntes endlich wahr werden zu lassen. Andere ermöglichen, lästiges Gedankenkreisen zu durchbrechen, zu einem belastenden Thema oder Problem Abstand zu finden oder unbeeinflusst von außen innerlich frei denken und entscheiden zu können. Andere initiieren eine Aktivierung deiner Herzenskraft oder deine Kraft zur Selbstheilung oder sie ermöglichen, Tieren, Pflanzen oder unserem Planeten Heilkraft zuzusenden. Bei der praktischen Anwendung erfährst du, dass dir tatsächlich weit mehr Möglichkeiten und Wege offenstehen, als du bisher dachtest.

Zu diesem Buch wurde ich inspiriert durch das, was ich an Kraftorten in England und in Bosnien erfahren habe. Dieses Buch ist für Menschen, die…

- Licht- und Energiearbeit kennenlernen und erlernen möchten;
- Licht- und Energiearbeiter sind und ihr Repertoire lust- und kraftvoll erweitern möchten;
- einen Zugang zur universellen Kraft hinter dem Oberflächlichen suchen, hinter dem, was uns alltäglich mental und mit den physischen Sinnen zugänglich ist;
- lernen möchten, aus eigener Kraft zu wachsen und zu heilen, ohne dabei auf Autoritäten, Therapeuten oder teure Seminare angewiesen zu sein;
- ihre Träume verwirklichen und friedvoller, sinnerfüllter, gesünder und selbstbewusster leben möchten;
- diese Erde lieben und etwas zurückgeben möchten im Austausch für das, was uns dieser wundervolle Planet täglich geduldig und im Überfluss schenkt.

Das Buch hat nicht den Zweck oder die Funktion, ein Reiseführer für Glastonbury und die dortigen Kraftplätze oder für die bosnischen Pyramiden zu sein. Dafür sind andere Bücher besser geeignet. Dennoch ist es interessant für Menschen, die sich für Kraftorte interessieren und wissen möchten, was passiert, wie es sich anfühlt und wie es wirkt, wenn man einen Kraftort aufsucht.

»Möge die Kraft mit dir sein!«*

Ich wünsche dir von Herzen viel Freude und Aha-Momente bei der Arbeit mit den Lichtwerkzeugen. Ich wünsche dir für deine Anwendungen viel Segen. Mögen sich dir der Zauber und das Wunder, die jederzeit zugänglich hinter dem Augenscheinlichen liegen, immer mehr offenbaren.

Kira Klenke, Deensen, im Sommer 2019

* Abschiedsgruß der Jedi in den »Star Wars«-Filmen

Dein Schlüssel zu spiritueller Magie und Heilkraft

Einführung in die Arbeit mit den Lichtwerkzeugen

Bevor du ein Lichtwerkzeug praktisch anwendest, solltest du zunächst den gesamten Ablauf vollständig durchlesen. Bei einem zweiten Durchgang kannst du dann parallel zum Lesen in deinem eigenen Tempo innerlich mitarbeiten.

Alle Werkzeuge sind unabhängig voneinander und funktionieren auch so. Bei jedem der Lichtwerkzeuge ist aufgeführt, welche Kraft und welche Wirkung es hat. Hinten im Buch findest du eine Übersichtstabelle aller Lichtwerkzeuge mit ihrem Anwendungszweck sowie als Entscheidungshilfe die Tabelle »Welches Lichtwerkzeug passt jetzt für mich?« Wenn bei einem der Lichtwerkzeuge dessen Wirkung und Funktion für dich aktuell nicht von Interesse ist, überspringe (vorläufig) das entsprechende Kapitel.

Bei keinem der Lichtwerkzeuge ist es erforderlich, dass du selbst irgendetwas aktiv erschaffst. Stattdessen empfängst du einfach. Ich weiß, das ist leichter gesagt (oder geschrieben) als getan. Es kann deshalb hilfreich sein, den rationalen Verstand vor der Anwendung eines Lichtwerkzeugs mit einigen Aufgaben zu beschäftigen – die dann deinen meditativen Zustand und den Prozess sogar noch vertiefen.

- Mache dir, bevor du ein Lichtwerkzeug benutzt, noch einmal kurz bewusst, weshalb und wofür du es anwenden möchtest. Rufe dir ins Bewusstsein, was du dir von seiner Anwendung erhoffst.
- Sowohl Dankbarkeit als auch Freude sind innere Zustände, die die Kraft von Energiearbeit verstärken. Deshalb könntest du dir, bevor du loslegst, ein Erlebnis in Erinnerung rufen, das dich dankbar macht oder freudig stimmt.
  Und lächle.
- Jede Anwendung eines Werkzeugs beginnt mit einer kurzen Entspannung. Beobachte, wie dabei deine Muskeln weicher werden. Und achte darauf, wie sich damit gleichzeitig auch dein Denken

entspannt. Auch die Gedanken werden »weicher«, ebenso mentale Konzepte und oft sogar Blockaden im Kopf.

Troubleshooting

Sollte es vorkommen, dass dein rationaler Verstand sich wundert oder Zweifel äußert, rate ich dir zu Folgendem: Teste bitte das Lichtwerkzeug dennoch für dich aus. Bleibe dabei so offen wie möglich und erforsche, erspüre, ob die inneren Bilder dir dienlich sind (oder eben nicht). Oder du gehst (vorläufig) einfach über zum nächsten Kapitel und Lichtwerkzeug. Bitte bleibe, während du dieses Buch liest und die Lichtwerkzeuge für dich austestest, deiner inneren Stimme und Intuition treu. Nimm hier (so ähnlich wie in einem Supermarkt) nur das für dich mit, was dich anspricht und dir weiterhilft. Wähle und benutze die Lichtwerkzeuge, die zu dir passen. Prüfe stets mit deinem Herzen und deinem Bauchgefühl und gehe dann mit dem, was dir guttut und zu dir passt. Du bestimmst, was du aufgreifst und was nicht. Folge stets deiner Wahrheit.

Lasse dich jedoch nicht vom rationalen Denken foppen, das grundsätzlich erst einmal vor allem zurückscheut, was ihm fremd ist – das ist bei allen Menschen so. Sollte irgendeine Textpassage eine heftigere Resonanz in dir auslösen, könntest du das als Gelegenheit nutzen, nachzuforschen und zu erspüren, welche deiner Überzeugungen dort angerührt wurden. Eine Möglichkeit wäre dann, dieses innere Konzept (z. B. mit dem Sch-Mantra) zu bearbeiten und zu besänftigen.

Schalte, bevor du anfängst zu lesen, innerlich einen Gang zurück.

Vielleicht legst du dazu das Buch eine Weile zur Seite und spürst erst einmal, wo und wie du jetzt gerade sitzt. Spürst du den Boden unter deinen Füßen? Spürst du deinen Körper, deinen Rücken, deinen Bauch, deine Beine und Arme? Spürst du die Haut deines Gesichtes? Spürst du, wie du jetzt bist, einfach nur bist, ohne irgendetwas zu tun? Spürst du den energetischen Raum um dich herum, der dich umgibt? Stelle dir dazu vor, du würdest deine Haut, die Begrenzung deines Körpers, von außen erspüren. Genieße dann bewusst den angenehmen, lichten Energieraum, der dich immer umhüllt, in dem du nun zur Ruhe kommen und dieses Buch lesen kannst.

Lasse für eine Weile das Konzept und die Idee, dass du selbst etwas zu tun und zu leisten hast, einfach los. Stelle dir vor, du könntest wahrnehmen, wie nun die Energie, die dich umgibt – die dich immer und überall einhüllt – deinen Körper, deine Gefühle und Gedanken entspannt. Genieße, wie du gehalten und umarmt wirst von der universellen Kraft, die dich ständig durchwebt, von der Kraft, aus der du (wie alles auf dieser Welt) gewoben bist. Und dann lasse dich überraschen, was geschieht. Lasse dich beschenken und staune.

Mir fällt diese Art der Wahrnehmung und des Seins besonders leicht, wenn ich draußen in der Natur bin und vor allem dann, wenn ich Kraftorte besuche.

Orte der Kraft

Kraftorte haben eine besondere Ausstrahlung, die Menschen schon seit Jahrtausenden anzieht. Sie werden auch als »heilige Orte« oder »Orte des Lichts« bezeichnet. Es sind Orte, die über eine höhere Energie verfügen als andere, entweder weil das dort von Natur aus so ist oder weil dort Menschen regelmäßig meditieren, beten oder mit Lichtenergie arbeiten.

Ich besuche schon seit Jahrzehnten Kraftorte überall auf der Welt. An solchen Orten ist es überaus leicht, den normalen Alltag sowie das herkömmliche Denken und Funktionieren für eine Weile beiseitezulassen. Es ist dort erstaunlich leicht, einfach nur zu sein und dabei das Licht und die Urkraft zu erspüren, die hinter dem liegen, auf das wir uns im Alltag meistens beschränken. Hier offenbart sich im Nu das, was jenseits von, hinter und unter dem wirkt und leuchtet, was wir in unserer Gesellschaft üblicherweise als real bezeichnen.

An solchen Orten offenbart sich eine unsichtbare Kraft, die uns – sofern wir uns dafür öffnen – näher zu unserem natürlichen Sein führt und dorthin weist, wo unser wahrer Platz im Leben ist. Es ist eine Kraft, die auch unsere Lebensaufgabe, sofern wir sie noch nicht bewusst kennen, in uns wachruft, sie verstärkt und sie klarer und greifbarer macht. Hier öffnet sich ein Raum, in dem unser Herz ganz von alleine zu strahlen beginnt und wo auch Freude, grundlose Freude und pure Lebenslust, aus uns hervorsprudelt.

Entstehungsgeschichte der Lichtwerkzeuge

1994 war ich zum ersten Mal in Glastonbury in Südengland, einem Ort, der mittlerweile auch bei uns in Deutschland als Kraftort recht bekannt ist. Es war für mich zunächst bei diesem einen Besuch in England geblieben, bis ich mich vor einigen Jahren spontan zu einer spirituellen Kraftort-Studienreise in Südengland angemeldet habe. Dort war ich vom ersten Tag an, als wir in unserer kleinen Reisegruppe an einem der vielen Kraftorte in und um Glastonbury meditiert haben, verblüfft und zugleich tief berührt von der enormen Kraft und starken Präsenz dort.

Als ich die Reise antrat, wusste ich nicht, dass Glastonbury heute unter anderem dafür bekannt ist, dass dort altes, schon bereits latent in uns vorhandenes, aber verschüttetes, spirituelles Wissen aus früheren Zeiten und Leben wieder in Erinnerung gerufen und aktiviert werden kann. Ich war verblüfft, als mir an den alten, heiligen Orten dort detailliert und klar strukturiert die kraftvollen Lichtwerkzeuge offenbart wurden.

Später habe ich zuhause das, was ich in Glastonbury erlebt, gelernt und erfahren hatte, aus meinen handgeschriebenen Tagebüchern abgetippt. Währenddessen habe ich mich daran erinnert, dass ich eine ähnliche Erfahrung bereits Jahre zuvor auf einer anderen spirituellen Reise zu den bosnischen Pyramiden erlebt hatte. Bereits dort hatte ich die ersten Lichtwerkzeuge erhalten und aufgeschrieben. Das ist mir erst, während ich meine Notizen aus Glastonbury elektronisch erfasst habe, wieder eingefallen. Sowohl die Art der Werkzeuge als auch die Art der Übermittlung waren dem, was ich in Glastonbury erlebt hatte, sehr ähnlich. So sind auch diese Licht-Techniken Teil dieses Buches geworden.

Sich auf einen Kraftort einstimmen

Um dich mit dem Energiefeld eines Kraftortes zu verbinden, musst du nicht notwendigerweise dorthin reisen und vor Ort sein. Lichtenergie ist nicht an Zeit und Raum gebunden. Du kannst zu der Kraft gut auch über die Ferne Kontakt aufnehmen. Um sich mit einem Kraftort aus der Ferne zu verbinden, kann es hilfreich sein, ein Foto des Ortes anzuschauen oder einen Film* (zum Beispiel auf YouTube). Betrachte das Bild oder den Film in einem entspannten, leicht meditativen Zustand. Bleibe empfänglich und bitte innerlich darum, mit der Kraft des Ortes verbunden zu werden. Ich werde bei einigen der Lichtwerkzeuge Bilder aus dem Internet vorschlagen. Es ist nicht unbedingt erforderlich, dass du diese anschaust und benutzt. Vielleicht probierst du einfach aus, ob es dir hilft, dich leichter oder tiefer mit dem entsprechenden Kraftort zu verbinden. Eine Zusammenstellung der Links aller Bilder findest du auch auf www.KiraKlenke.de/Bilder. Dort sind die Bilder mit einem Klick zugänglich.

Um feinstoffliche Energien eines Kraftorts wahrnehmen zu können, um sich von ihnen berühren, innerlich stärken oder heilen zu lassen, ist es notwendig, ein Stück weit aus dem alltäglichen, rational-intellektuellen Denken auszusteigen. Erforderlich ist ein leicht meditativer und rezeptiver Trance-Zustand.** Dieser ist natürlicherweise in uns angelegt: Bei Kleinkindern kannst du gelegentlich beobachten (und auch bei sehr alten Menschen habe ich es schon gesehen), wie sie plötzlich von einer Sekunde zur anderen und mitten im Geschehen, mitten in dem, was sie gerade tun, innehalten, um mit abwesendem Blick an irgendeinen imaginären Punkt in der Luft zu starren. In diesem leichten Trance-Zustand verharren sie einen kurzen Moment

* Das Video https://youtu.be/E6Kqo7e_PUY gibt eine Vorstellung davon, wie ein solcher Kontakt aussehen oder sich anfühlen könnte. Es wurde für die Leser meines Buches »Das Sedona-Steinorakel: Die Lösung ist nur einen Steinwurf entfernt« (Ryvellus Verlag 2015) erstellt, das an einem indianischen Kraftort entstanden ist. Auch wenn es in dem Video nicht um die Kraftorte dieses Buches geht, verdeutlicht es dennoch das Prinzip: Das Video ist dafür gedacht, Menschen mit der wunderbaren Kraft eines Ortes zu verbinden, auch ohne dass sie die weite Reise dorthin auf sich nehmen müssen. So kann man die

(dabei sind sie für die Außenwelt unerreichbar), integrieren und verarbeiten dabei im Gehirn das zuvor Erlebte. Dann machen sie, so als wäre überhaupt nichts geschehen, weiter mit dem, was sie vorher beschäftigt hatte. Aufgrund unserer Erziehung und gesellschaftlichen Prägung wird diese Art innezuhalten, um innerlich aufzutanken oder etwas zu verarbeiten, von den meisten Erwachsenen nicht (mehr) genutzt.

Jedes Lichtwerkzeug hat eine Verbindung zu dem Ort, an dem es entstanden ist. Du wirst – vor der Einführung in die Anwendung eines Werkzeugs – den zugehörigen Kraftort kennenlernen und ihn in deiner Vorstellung besuchen. Dazu hier noch ein Visualisierungs-Trick: Schließe, während du dir innerlich vorstellst, einen Kraftort zu betreten, für einen kurzen Moment deine Augen. Berühre dann sanft mit der Hand deine Wange. Stelle dir dabei vor, dass du genau das, nämlich die Augen schließen und die Wange berühren, dort vor Ort tust. Dann liest du, innerlich besser mit dem Ort verbunden, weiter.

Die Anwendung der Lichtwerkzeuge wird dir um so leichter fallen, je mehr du dich dafür öffnest und es zulässt, dass die zeitlose Präsenz in dir den größten Teil der Arbeit erledigt – zusammen mit der Energieschwingung des jeweiligen Kraftortes und dieses Buches.

Energie eines starken Kraftortes bei sich zuhause spüren und für sich nutzen. Gegen Ende des Videos werden die Zuschauer mit einer Innenreise noch tiefer in die Verbindung mit dem Ort und der Energie dort geführt.

** Im Gegensatz zum normalen Tagesbewusstsein wird dieser Zustand charakterisiert durch: »Eine hochfokussierte Konzentration auf einen Vorgang, bei gleichzeitiger sehr tiefer Entspannung sowie der Ausschaltung des logisch-reflektierenden Verstandes.« (URL: https://de.wikipedia.org/wiki/Trance, abgerufen am 13.12.2019)

Die Lichtwerkzeuge

Schnell & Easy I: Heilkräfte aktivieren

Um für den Einstieg die Anwendung dieses ersten Lichtwerkzeugs zu erleichtern, habe ich den Text als Audio aufgenommen: Die MP3-Datei findest du zum Download unter www.KiraKlenke.de/Kost probe. Damit kannst du dich entspannt zurücklehnen, und meine Stimme führt dich Schritt für Schritt durch den Ablauf.

Gibt es eine Stelle in deinem Körper, die Heilung braucht?

Dieses Lichtwerkzeug bringt bei einer Verletzung oder bei Schmerzen Erleichterung, und es unterstützt den Heilungsprozess. Es wirkt erstaunlich schnell, innerhalb von Minuten. Du kannst es sowohl für dich selbst als auch für andere Menschen anwenden, auch bei Haustieren oder bei Bäumen.

Es ist Teil der Technik, die schmerzende oder verletzte Körperregion vorsichtig zu berühren. Sollte das nicht möglich sein, beispielsweise weil die Stelle am eigenen Körper schwer oder gar nicht erreichbar ist, dann legst du deine Hand auf eine andere Stelle auf, die so nah wie möglich am Schmerzpunkt liegt. Eine Freundin erreichte durch die Anwendung dieses Werkzeugs eine Linderung ihrer Stoffwechselstörung. Sie hat dazu ihre Hand auf den Bauch gelegt.

Zur Einstimmung

Stelle dir vor, du stehst auf einer saftig-grünen Wiese auf einer weiten, freien Hochebene in Südengland. In der Ferne kannst du das tiefblaue Meer sehen. Atme das Gefühl der Weite ein. Dabei entspannt sich etwas in dir. Ein frischer Wind weht, und du atmest sanft ein paar Mal bewusst tiefer ein. Deine Schultern entspannen sich und auch dein Gesicht. Innerlich schaltest du einen Gang zurück.

Hier bist du fort von allem, was dich sonst im Alltag auf Trab hält. Endlich hast du Zeit für dich. Du lächelst. Du hast großes Glück mit dem englischen Wetter. Es ist sonnig heute. Der Himmel ist strahlend blau und wolkenlos.

Suche dir im weichen Gras einen Platz zum Sitzen oder setze dich auf eine Bank, die je nach deiner Vorliebe entweder in der angenehm wärmenden Sonne oder im Halbschatten steht. Setze dich dort aufrecht, aber gleichzeitig auch möglichst entspannt hin.

Bliebe in dem entspannten Zustand und an diesem inneren Ort, während du nun das Lichtwerkzeug anwendest.

Wo in deinem Körper brauchst du Heil-Energie?

Lege deine rechte Hand sensibel-erspürend auf die entsprechende Körperstelle. Die linke Hand halte (den Arm dabei eng angewinkelt) empfangend nach oben, ein Stückchen unter Schulterhöhe. In diese empfangende Hand legt sich nun ein dunkelgelber, im Sonnenlicht funkelnder Kristall. Er hat die Größe eines Tennisballs, ist überraschend leicht und liegt luftig leicht in deiner Hand. Von weit oben wird er jetzt durch einen Strahl weißer Lichtenergie aufgeladen. Währenddessen liegt deine rechte Hand nach wie vor auf dem Körperteil. Vom aufgeladenen Kristall strömt kraftvolle gelbe Energie durch deine linke, empfangende Handfläche und deinen Körper zu deiner rechten Handfläche und von dort in die gewünschte Körperregion hinein. Halte deine Handpositionen, damit die Energie fließen kann.

Nachdem die Energie eine Weile so geflossen ist, öffnet sich der feinstoffliche Kristall. Er entfaltet sich ähnlich wie eine Blüte im Sonnenlicht. Er verwandelt sich in eine feinstoffliche, fast zwei Handteller große, Lotusblüte. Die Blütenblätter sind orange-rosa und haben einen weißen Rand. Auch in der Mitte, im Zentrum ist die Blüte weiß. Nach wie vor fließt in breitem Strahl die Energie von oben in sie hinein. Sie strömt durch die Blüte und die empfangende Hand und dann durch dein Körpersystem hin zur rechten Hand und zur Körperstelle, auf der diese liegt.

Die Lotusblüte beginnt nun, sich rasend schnell im Uhrzeigersinn zu drehen. Sie hebt sich dabei sanft von der Handinnenfläche ab und beginnt sachte zu schweben. Sie schwebt ein Stück über deinem Handteller. Nach wie vor fließt die Energie von oben in sie hinein und weiter durch deine beiden Hände hin zum Körperteil. Das alles vollzieht sich sehr schnell, innerhalb weniger Minuten. Dann ist der Moment deutlich spürbar, wenn der Prozess abgeschlossen ist. Er beendet sich von alleine zum rechten Zeitpunkt.

Die Blütenblätter der Licht-Blüte falten sich zusammen und das Gebilde verwandelt sich zurück in einen funkelnden, dunkelgelben Kristall. Er ist kleiner als am Anfang und schwebt noch über deiner Handfläche. Dann plumpst er sanft in deine geöffnete Hand zurück. Wenn du magst, kannst du ihn einstecken, um ihn in Zukunft bei Bedarf wieder so wie eben zu benutzen.

Vielleicht magst du zum Abschluss hier noch eine Weile sitzen bleiben und aufs ferne Meer schauen. Lasse dir Zeit, während du behutsam und in deinem Tempo wieder bewusst in die alltägliche Realität zurückkehrst. Atme dazu ein paar Mal tiefer durch. Bewege deine Finger, die Hände und Füße. Lege deine linke Hand auf das rechte Knie und umgekehrt. Danke innerlich für das, was du empfangen hast.

Aventurin-Licht: Balance und Aufrichtung

Zur Wirkung

Im Aventurin-Licht öffnet sich ein innerer Raum, in dem du bei dir selbst ankommst. Es ist ein Raum, in dem sich das Denken beruhigt und in dem sich die Verbindung zum physischen Körper verstärkt. Hier geschehen innere und äußere Aufrichtung von selbst. Du erfährst Leichtigkeit und innere Weite. Deine rechte und linke Körperseite werden ausgeglichen, ebenso das Weibliche und Männliche in dir.

Zur Einstimmung

Das Lichtwerkzeug ist an der Chalice Well (dt. »Kelchquelle«) entstanden. Die Chalice Well ist eine heilige und heilkräftige Quelle in Glastonbury. Sie befindet sich in einem schön gestalteten, parkähnlichen Garten, der Pilger aus der ganzen Welt anzieht.

Stelle sicher, dass du für eine Weile ungestört bist. Setze dich gerade und mit aufrechtem Rücken so hin, dass du diese Haltung für eine Weile entspannt halten kannst. Die aufrechte Sitzhaltung unterstützt deine Konzentration und die innere Sammlung. Dafür ist es förderlich, wenn du dich nicht anlehnst. Rutsche deshalb beim Sitzen auf dem Stuhl oder auf einer Bank so weit nach vorne an den Rand, so dass die Füße fest aufstehen und du das Körpergewicht auf den Sitzbeinhöckern spürst.

Achte zunächst auf deinen Atem, lasse ihn dabei sanft von alleine weiterfließen, ohne dass du dich einmischst. Erinnere dich, dass der Fluss unseres Atems automatisch und ohne unser bewusstes Zutun funktioniert, wie so vieles andere in unserem Körper und in unserem Leben auch.

Halte, während du weiterliest, so gut es dir gelingt einen ruhigen, meditativen Zustand. Lasse dir beim Lesen so viel Zeit, wie du benötigst. Vielleicht magst du zwischendurch kleine Pausen einlegen, um mit geschlossenen Augen die Bilder besser visualisieren oder erspüren zu können.

Betrete den Ort der Kraft

Stelle dir vor, du betrittst durch ein Tor den wild anmutenden, aber gleichzeitig auch liebevoll gepflegten Garten. Der Garten hat Hanglage, und ein kleiner Bach, dessen stark eisenhaltiges Wasser rot schimmert, fließt über einen kleinen Wasserfall in ein großes, rundes Becken. Setze dich am Wasserbecken für eine Weile auf die Bank. Nimm dir ein bisschen Zeit, um hier anzukommen.

Du spürst die angenehm kühle, aber nicht zu kühle Luft und hörst den Schrei eines Vogels über dir in den Bäumen. Du beobachtest ein dunkelbraunes Eichhörnchen, wie es einen Baumstamm hochflitzt und oben elegant wie ein Zirkuskünstler am Trapez von einem tiefer herabhängenden Ast zum nächsten Baum hinüberspringt.

Das erste, was hier im Garten der Quelle auffällt, ist die friedliche Atmosphäre. Es ist ruhig hier, nur ein paar Vögel zwitschern. Die Menschen bewegen sich gelassen und achtsam, und auch deine Schritte werden, während du nun weitergehst, von alleine bedächtiger. Dein

Atem wird tiefer und ruhiger und auch dein Geist ist ungewöhnlich ruhig, seitdem du den Garten betreten hast. Absichtslos und kindlich staunend folgst du dem Weg bergan. Allein schon dieser Zustand ist einen Besuch dieses ungewöhnlichen Gartens wert. Hier bist du automatisch – schon nach kurzer Zeit – ganz präsent. Du nimmst so viel wahr. Du siehst, riechst, hörst, was – jetzt – hier ist.

Blumen in allen Farben blühen hier. Du bleibst stehen, um an einer Rose zu riechen. Dann, ein paar Schritte weiter, bückst du dich, um die blühenden Bodendecker zu betrachten. Jetzt, so früh am Morgen, funkeln Regentropfen-Diamanten auf dunkelgrünen, zart behaarten Blättern. Man sagt, in diesem wunderschönen Garten seien auch Elfen und Erdgeister zu Hause. Ein Rotkehlchen hüpft vor dir auf dem Steinplattenweg. Sobald du stehenbleibst, hält es ebenfalls inne und beäugt dich mit klaren, runden Kulleraugen aufmerksam und zugleich wachsam. Du bist glücklich und dankbar, heute hier zu sein. Eine stille, sanfte Freude zaubert dir ein Lächeln ins Gesicht.

Du folgst weiter dem Weg, der zwischen Beeten mit blühenden Pflanzen sanft bergauf führt. So gelangst du zur ummauerten Quelle: In das in die Erde abgesenkte Steinrondell unter alten Bäumen sind Bänke eingelassen. Du verharrst einen Moment oben vor den Stufen, die hinunter ins Rondell führen. Dieser Ort ist heilig. Er ist eine Art Open-Air-Tempel. Blütenblätter liegen um die Öffnung der Quelleinfassung. Es sind Gaben, die andere Besucher als Dank und Anerkennung für diesen Platz hiergelassen haben. Auch einige kleine Edelsteine liegen dort neben einem brennenden Teelicht.

Achtsam gehst du die Stufen hinunter, glücklich darüber, heute hier zu sein. Unten im Rondell stehend spürst du nach, wo heute hier dein Sitzplatz auf einer der Steinbänke ist. Es ist kühl hier, und die Steinbank, auf die du dich setzt, fühlt sich kalt an. Gut, dass du ein Sitzkissen dabei hast. Kühle Luft steigt aus dem rund gemauerten Schacht. Der große, runde Eichenholzdeckel, mit dem die Quellöffnung über Nacht geschlossen werden kann, um vor herabfallendem Laub zu schützen, wird vom schmiedeeisernen Chalice Well-Symbol* geziert. Dieses besteht aus zwei senkrecht übereinander liegenden, sich überlappenden Kreisen. Es symbolisiert die Verbindung von oben und unten, von Himmlischem und Irdischem. Es symbolisiert zugleich die Verbindung und das Zusammenwirken von Rechts und Links, von Logischem und Intuitivem, von Männlichem und Weiblichem in uns.

Ist es tatsächlich nur kühle Luft, die aus der Quellöffnung aufsteigt, oder spürst du da noch etwas anderes? Neugierig rutschst du ein Stück weiter nach vorne Richtung Öffnung und näherst dich mit den Händen in der Luft tastend dem Steinrund. So spürst du eine kühle Energiesäule, die aus der runden Öffnung weit nach oben steigt. Der Strahl der Energie ist körperlich spürbar. Er ist kühl, beruhigend und nicht von dieser Welt. Er entführt jeden Besucher hier, der sich dafür öffnet, in einen inneren Raum.

Du schließt die Augen und spürst die Berührung dieser kraftvollen, angenehm kühlenden und beruhigenden Energie auch noch, als du später wieder ein bisschen weiter weg, auf der Bank des Steinrondells Platz genommen hast. Es fühlt sich an, wie eine ganz sanfte, aber dennoch deutlich spürbare Druckwelle, die dich und dein Energiefeld berührt. Hier »wirst« du meditiert. Hier wird jedem, der dafür offen ist, dieser gedankenlose Zustand geschenkt, den man sonst erst nach einer ganzen Weile des Meditierens erreicht (wenn es gut läuft).

Du spürst den sanften, anregenden Druck auf deiner Haut, besonders im Gesicht. Du spürst deine Arme und die Beine und dann deinen ganzen Körper auf angenehme Weise. Hier bist du unmittelbar in einem sanft-angenehmen, durch Denken und Grübeln nicht länger blockierten Körperkontakt. Du bist in Verbindung mit dir selbst und gleichzeitig mit dem, was dich hier umhüllt.

* Ein Bild dieses Ortes (auf dem die ummauerte Quellöffnung und das Ornament auf dem Deckel zu sehen ist), findest du auf www.KiraKlenke.de/Bilder

Diese Kraft so zu spüren, sich von ihr nähren und liebkosen zu lassen, ist wunderschön. Du bist dankbar, dass im Moment gerade keine anderen Menschen hier sind. Hier ist nur die Stille um dich – und in dir. Und deutlich spürbar ist die Präsenz einer Kraft, die dich hält und nährt und dir hilft, bei dir, in dir und auch bei ihr und in ihr anzukommen.

Aventurin-Licht

Nun kommt von weit oben ein zart hellblaues Licht. Es fließt von oben in deinen Scheitel und dann durch den ganzen Körper bis in die Füße hinunter. Dann fließt es weiter durch die Fußsohlen tiefer hinab in die Erde. Du wirst innerlich (und äußerlich) aufgerichtet. Du spürst eine Leichtigkeit im Oberkörper und in den Schultern, und ganz zart reckt sich dein Scheitel etwas weiter nach oben. Du spürst eine sanfte Aufrichtung der gesamten Wirbelsäule. Du fühlst dich leicht, und ganz von alleine, ohne dein bewusstes Zutun spürst du, wie vom Zentrum deines Herzraumes ausgehend die rechte und die linke Körperseite ausbalanciert werden und damit die männliche und die weibliche Energie in dir. Du bist hellwach, konzentriert und gleichzeitig empfänglich. Du nimmst die heilend-ordnenden Energien in dich auf und tankst die Stille hier.

Alles in dir kommt hier an diesem Ort immer mehr in die Balance. Auch die beiden Gehirnhälften: Unter der Schädeldecke sind sie wie »angeknipst«. Es fühlt sich an, als würde sanft und angenehm belebend ein feiner elektrischer Strom sie durchweben. Das sanft-angenehme Gefühl belebender und aktivierender Elektrizität strömt vibrierend im Kronen-Chakra und unter der Schädeldecke. Es dehnt sich von da im gesamten Oberkopf aus.

Dann spürst du einen sanften und angenehmen Druck auf dem Dritten Auge und auf deinen beiden Stirnbeinhöckern.* Es fühlt sich an, als würden sie von einer feinstofflichen Hand berührt und gehalten. Nach wie vor ist da diese luftig-leichte Aufrichtung: Wie bei einem mit Gas gefüllten Luftballon, der ganz von alleine nach oben schwebt, ist da diese Aufrichtung deiner gesamten Wirbelsäule, ganz ohne ein bewusstes Zutun. Mühelos.

Die Verbindung nach oben und nach unten ist ausgeglichen: Aufrecht sitzend, am Schädeldach aktiviert und durchleuchtet, spürst du gleichzeitig bewusst den Fußkontakt zum Boden. Während du hier in der hellblauen Lichtsäule des Aventurin-Lichtes sitzt, spürst du, wie deine Füße auf der Erde stehen. So aufgerichtet, geerdet und gehalten spürst du eine Balance auf allen Ebenen und die Rückkehr zu einer natürlicherweise in dir angelegten Ordnung.

Nachdem der Prozess abgeschlossen ist, bleibe, wenn du magst, noch eine Weile hier an der Quelle sitzen und genieße den Zustand der inneren Balance und Leichtigkeit.

Anschließend kehre behutsam und in deinem Tempo bewusst wieder in die alltägliche Realität zurück. Atme dazu ein paar Mal tiefer durch. Bewege deine Finger, die Hände und Füße. Lege deine linke Hand auf das rechte Knie und umgekehrt. Danke innerlich für das, was du empfangen hast.

Drachenkrone: Gehe auf klaren Empfang

Dieses Lichtwerkzeug ist in der Kathedrale in Wells entstanden. Es wird vermutet, dass Teile dieser gotischen Kirche auf einem alten keltischen Kultplatz erbaut wurden. Die Kathedrale ist schon von außen beeindruckend. Ihre Front ist mit hunderten von Statuen von Königen, Geistlichen und Engeln bedeckt. Innen im Kirchenschiff wurde mein Blick als erstes von den riesigen Scherenbögen** gefesselt. Diese eindrucksvolle Konstruktion war eine mittelalterliche Lösung, als sich damals der Turm absenkte. Ich hatte, als ich sie zum ersten Mal sah, sofort die Assoziation von riesigen, im Raum

* Die Stirnbeinhöcker liegen etwa über der Mitte unserer Augenbrauen, ein Stückchen unter dem Haaransatz. In der Kinesiologie wird gesagt, dass, wenn diese sanft mit den Fingerspitzen berührt und gehalten werden, dies schon nach wenigen Minuten Stresszustände und Spannungen im Körper und im Kopf reduziert und abbaut.

** Ein Bild davon findest du auf www.KiraKlenke.de/Bilder

senkrecht aufgestellten Lemniskaten. Radiästheten haben in der Nähe dieser Bögen starke Energieströme gemessen.

Wirkung des Lichtwerkzeugs

Die Drachenkrone dient als eine Art Filter für Informationen, die von außen auf dich einströmen. Sie macht dich, sobald du sie »aufgesetzt« hast, klar und wach – selbst dann, wenn die Information von einer dich einschüchternden Autorität stammt. Die Krone hilft dir in schwierigen Situationen zu unterscheiden, was falsch und was richtig für dich ist. Sie hilft dir auch, rechtzeitig zu bemerken, wann du Abstand brauchst, um etwas in Ruhe zu überdenken. Sie unterstützt dich dabei, rechtzeitig ein vorläufiges Stopp zu setzen. Dadurch wird es leichter, eine Situation aktiv zu »korrigieren«, in der du durch Außeneinflüsse beeinflusst oder falsch geführt wirst. Sie dient darüber hinaus als Werkzeug, um unabhängig und verlässlich deinen Kanal »nach oben« zu öffnen.

Einstimmung

Stelle sicher, dass du für eine Weile ungestört bist. Setze dich mit aufrechtem Rücken und gerade so hin, dass du die Position entspannt halten kannst. Achte zunächst auf deinen Atem, lasse ihn dabei von alleine weiterfließen, ohne dass du dich einmischst. Erinnere dich daran, dass der Fluss unseres Atems automatisch und ohne unser bewusstes Zutun funktioniert – wie so vieles andere auch in unserem Körper und in unserem Leben.

Genieße, dass du nun überhaupt nichts Besonderes tun musst. Du darfst einfach so sein, wie du jetzt gerade bist. Schließe für einen Moment die Augen, bevor du weiterliest. Mit dem Schließen der Augen stelle dir vor, dass du damit nun auch die äußere Welt und deinen Alltag außen vor lässt.

Halte, während du weiterliest, einen ruhigen, meditativen Zustand, so gut es dir gelingt. Lasse dir beim Lesen so viel Zeit, wie du benötigst. Vielleicht magst du zwischendurch kleine Pausen einlegen, um mit geschlossenen Augen die Bilder besser zu visualisieren oder erspüren zu können.

Betrete den Ort der Kraft

Als du die Kathedrale betrittst, singt gerade der Knabenchor. Die Knaben und jungen Männer stehen in mittelalterlichen Kostümen vor den alten, aus dunklem Holz geschnitzten Pulten, auf denen ihre Noten liegen. Jedes Pult wird von einer kleinen Leselampe mit gelbem Stoffschirm beleuchtet. Der Anblick erinnert an Bilder der Hogwarts-Schule für Zauberei aus den Harry-Potter-Filmen.

Suche dir einen Sitzplatz auf den alten Holzbänken. Hier aufrecht sitzend empfängst du mit weichem, weitem Blick die beeindruckenden, architektonischen Eindrücke, ohne dich dabei auf etwas Bestimmtes zu fokussieren. Während der Chor mit dem nächsten Lied beginnt, schließt du sanft deine Augen. Bald bemerkst du einen sanften Druck oben auf der Mitte deines Kopfes. Dann spürst du einen sanften Druck auf dem Dritten Auge sowie eine feine, energetische Verbindung zwischen diesen beiden Punkten, die vom Scheitelpunkt des Kopfes ausgehend zur Stirn und zum dritten Auge verläuft.

Die Drachenkrone

Nun spürst du ganz sanft auch einen Druck etwa zwei Zentimeter über den Ohren und dann oben auf der Stirn bei den beiden Stirnbeinhöckern. Ein Band aus Energie legt sich um deinen Hinterkopf und schmiegt sich dann sanft rund um deinen Kopf. Vom Hinterkopf aus verläuft es über den Ohren hoch zur und über die Stirn.

Am Rand dieses Bandes verteilt befinden sich gut zehn Zentimeter hochstehende, leicht nach außen gebogene Streben. Sie sind rund um das Band und damit um deinen Kopf verteilt. Dazwischen spannt sich eine dunkle Membran. Das Konstrukt sieht entfernt einer Krone ähnlich. Es sieht ein bisschen so aus, wie man sich den »Kopfschmuck« eines Drachen vorstellt.

In der Mitte dieser Drachenkrone und mittig auf deinem Kopf ruht eine Steinkugel aus Karneol. Sie hat einen Durchmesser von etwa zwölf bis fünfzehn Zentimetern. Die hellorangene Kugel ist undurchsichtig und hat dunkelorange Maserungen. Du bist erstaunt, wie leicht sie ist. Du spürst ihr Gewicht fast nicht. Die Kugel liegt, dich nur leicht berührend, oben auf der Mitte deines Kopfes.

Du bist dir des Raumes um dich herum bewusst und bist gleichzeitig innerlich aufmerksam. Die orangene Kugel beginnt, von innen heraus zu leuchten. Dabei verändert sich die Stein- zur Lichtkugel. Sie beginnt sanft und allmählich, sich von deinem Schädeldach abzuheben. Sie beginnt zu schweben und hebt etwas ab von deinem Scheitel. Die Drachenkrone spreizt sich etwas, ihr äußerer Rand klappt ein Stück nach außen und wird damit weiter. Sie erinnert an eine kleine Satellitenschüssel aus organischem Material, die senkrecht nach oben ausgerichtet ist.

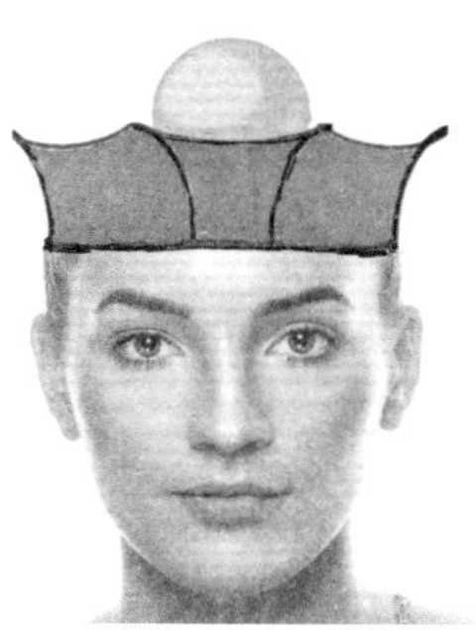

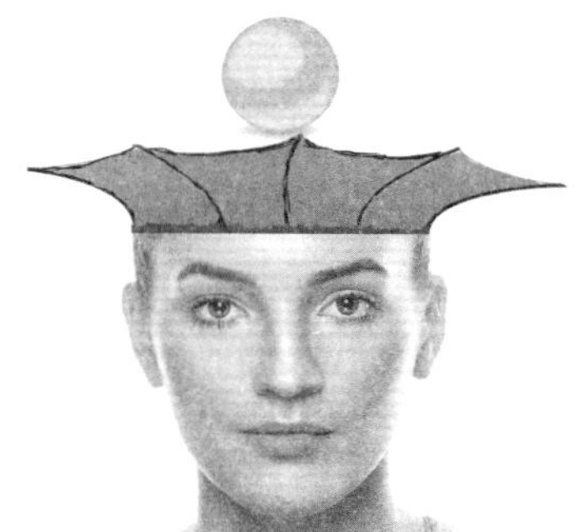

Die so aktivierte Drachenkrone dient als Schutz: Wie oft sind wir schon in diesem Leben in die Irre geleitet worden? Oder vielleicht auch in früheren? Beispielsweise durch die Kirche, durch den Klerus und andere spirituelle Autoritäten. Oft auch durch unsere Erziehung oder das, was in unserer Gesellschaft als »normal« gilt. Wie oft sind wir fehlinformiert oder fehlgeleitet worden durch das, was Autoritäten – bewusst oder unbewusst, wissend oder auch selbst unwissend – uns vermittelt und eingetrichtert haben?

Genau davor schützt die ausgespreizte Drachenkrone mit der leicht schwebenden, orangenen Lichtkugel. Sie hält dich geistig wach und klar, selbst dann, wenn die Information von einer dich einschüchternden Autorität stammt. Sie hilft dir klar zu erspüren und zu unterscheiden, was falsch und was richtig für dich ist, oder zu erkennen, wann du Abstand brauchst, um etwas in Ruhe zu überdenken. Sie hilft dir innerlich (und auch im Außen), ein Stopp zu setzen, um eine

Situation eventuell zu »korrigieren«, weil du durch eine Autorität unpassend beeinflusst oder falsch geführt wirst. Die Drachenkrone dient als eine Art Filter für Informationen, die von außen auf dich einströmen, während sie dies tun.

Sie ermöglicht auch, dass du ganz aus dir heraus selbständig, unabhängig und verlässlich den Kanal »nach oben« öffnen kannst, damit du direkt Führung, Energieübertragungen, Schutz, Licht und Informationen von oben erhältst.

Jetzt ist die Drachenkrone weit aufgespannt. Die orangene Kugel ist zu einem hell leuchtenden Licht geworden, das nun ungefähr zehn bis zwanzig Zentimeter über deinem Scheitel schwebt. Sie bildet so eine Art Knoten- oder Verbindungspunkt zu dem, was ständig von oben zu uns fließt, was uns nährt und belebt, was uns schult. Sie verstärkt und stärkt auch die Verbindung zwischen unserem physischen Körper und dem in uns wirkenden, uns durchwebenden, unsterblichen Lebensfunken und zu dem, was uns in unserer Einzigartigkeit ausmacht.

Nimm dir etwas Zeit – jetzt – deine Verbindung nach oben bewusst zu erspüren. Sie ist immer da, nur überdecken wir selbst sie im Alltag leider meistens mit all dem Zeug, was wir täglich als dringlich empfinden und unermüdlich meinen, erledigen zu müssen. Wir überdecken sie mit dem, was sich in unserem Kopf und Hinterkopf tummelt und angesammelt hat, mit Konzepten und Weltbildern, mit Vorurteilen und Denkmustern, die sich schließlich verselbständigt und automatisiert haben.

Nutze diesen Moment hier jetzt, verbinde dich innerlich mit dem magischen Raum der gotischen Kathedrale in Wells, mit der Drachenkrone und dem Karneol-Licht: »Geh auf klaren Empfang« in jeder nur erdenklichen Richtung. Befreie dich von dem, was dich fremdbestimmt und fehlleitet. Spüre und horche innerlich. Folge dem, was deine innere Wahrheit und dein wahrer Weg ist. Lasse dir dabei so viel Zeit, wie du benötigst.

Anschließend kehre – in deiner Zeit, in deinem Rhythmus – hierher in die alltägliche Realität zurück. Wenn du magst, nimm dir einige Minuten Zeit, das Erfahrene schriftlich festzuhalten.

Orange Sun: Ein außergewöhnliches Licht

Zur Wirkung

In diesem Kapitel teile ich ein außergewöhnliches Erlebnis, das ich bei einem meiner Besuche in Glastonbury hatte. Im Licht einer dunkelorange gefärbten Sonne am helllichten Tag öffnete sich ein kraftvoller innerer Raum, der es unterstützt, sich innerlich frei und befreit zu fühlen.

Überlege dir vorab: In welcher Situation oder bei welcher Herausforderung würde dir der Zugang zu solch einem inneren Raum helfen?

Du erfährst hier auch, wie du den Besuch eines Kraftortes dafür nutzen kannst, neue Klarheit und frische Impulse für schwierige Lebenssituationen zu erhalten oder Antworten auf eine Frage oder Hilfestellung für die Verwirklichung eines Wunsches.

Glastonbury Tor

Der Glastonbury Tor (keltisch bedeutet »Tor« Berg oder Hügel), ein 160 Meter hoher, tropfenförmiger Hügel, liegt etwas außerhalb. Man kann diesen Hügel schon viele Kilometer von Glastonbury entfernt sehen. Man könnte ihn als das Wahrzeichen dieses Ortes bezeichnen. Ich erinnere mich noch, wie ich, als ich ihn 1994 zum ersten Mal sah, spontan dachte: »Der Hügel sieht aus, als wäre er künstlich und von Menschenhand gemacht.« Das war viele Jahre, bevor in Bosnien Semir Osmanagić aufgrund einer ähnlichen Eingebung begonnen hat, die Oberfläche ungewöhnlich symmetrischer Hügel metertief abzutragen und darunter tatsächlich uralte, künstliche Konstrukte entdeckte.

Seit langer Zeit wird der Tor (Hügel) von Menschen aus den unterschiedlichsten Gründen aufgesucht. Viele meditieren hier, andere erspüren und erforschen mit oder ohne Hilfsmittel die Ley-Linien (Erd-Energielinien), die sich hier kreuzen sollen. Rituale werden hier abgehalten und die Anderswelt besucht. Es soll Bereiche auf dem Hügel geben, wo Elfen wohnen und man sich leicht, von ihnen verführt, in Zeit und Raum verlieren könnte. UFOs sollen hier gesichtet worden sein und nicht zuletzt ist von hier aus die Aussicht über die Landschaft von Somerset großartig.

Während du dieses Kapitel liest, öffne dich dafür, dich mit der Schwingung des Glastonbury Tors zu verbinden und sie auf dich wirken zu lassen. Dabei kann es hilfreich sein, wenn du dir ein Foto des Tors,* das dich persönlich anspricht, besorgst. Schaue dir dann »dein« Foto eine Weile an. Entspanne dich dabei. Vielleicht magst du zur Unterstützung eine Kerze anzünden oder eine sanfte (bitte nur instrumentale) Musik abspielen.

Es ist gut, wenn du den folgenden Text langsam liest und währenddessen nachspürst, ob etwas und, wenn ja, was in dir angerührt wird. Vielleicht magst du an der einen oder anderen Stelle das Buch für einen Moment beiseitelegen und mit geschlossenen Augen schauen, innerlich nachspüren und hinhören, wohin dich persönlich dieser Ort und unser Ausflug führt.

Ich möchte dir nun von einem ungewöhnlichen Tag in Glastonbury erzählen und einem einzigartigen Erlebnis, das ich zusammen mit einer Freundin dort hatte.

Ein ungewöhnlicher Tag in Glastonbury und am Glastonbury Tor

Morgens trete ich vor die Tür des kleinen Häuschens, das ich zusammen mit einer Freundin in Glastonbury gemietet habe. Ich möchte spüren, wie kalt es heute ist, um zu entscheiden, was ich anziehe. Es hat geregnet heute Nacht. Der Himmel ist grau und verhangen. Hier im Hinterhof blühen auch jetzt im Herbst immer noch die Blumen und Büsche in bunten Farben. Ich bin überrascht, denn es ist unerwartet warm und die Luft fühlt sich südländisch-mediterran an. Der graue Himmel ist etwas grünlich gefärbt. Naht vielleicht ein Gewitter? Wir hatten geplant, heute den Tor zu besuchen. Ich überlege kurz, ob wir das besser auf einen anderen Tag verlegen sollten.

Aber trotz des grünlichen Tageslichts marschieren wir kurz danach los. Unterwegs machen wir Pause in einem der vielen kleinen Cafés. Wir setzen uns ans Fenster und bemerken, dass sich auf der anderen

* Fotos vom Tor gibt es zahlreich im Internet. Empfehlung für Links sind auf: www.KiraKlenke.de/Bilder

Straßenseite Menschen sammeln. Erst sind es nur drei, vier und schon bald sind es über zehn. Sie zücken ihre Handys und fotografieren hoch in die Luft. Einer der Frauen steht vor Staunen der Mund offen. Neugierig geworden, gehen wir hinaus und gesellen uns zu ihnen. Hoch über unserem Café steht die Sonne dunkelorangefarben, sehr viel dunkler als normal und mystisch leuchtend, an dem grünlich-grauen Himmel. »Mann, das sieht seltsam aus«, sagt eine Frau neben mir zu ihrem Mann, »eigentlich irgendwie unheimlich. Und die Sonne hat diese Farbe schon den ganzen Vormittag. Erinnerst du dich noch an diesen Film, wie hieß der noch gleich? Da sah der Himmel auch so aus, kurz bevor die UFOs kamen.«

Später abends, zurück in unserem Häuschen, werde ich im Internet suchen, was es mit diesem Naturphänomen auf sich hatte. In ganz Somerset waren an diesem Vormittag die Menschen erstaunt, auch verwirrt und zum Teil sogar verängstigt wegen der merkwürdigen Färbung des Himmels und der Sonne. In der Presse wurde abends berichtet, dass es ähnlich aussah, wie in einem bestimmten Science-Fiction-Film, in dem Aliens auf der Erde landen. Die folgende Meldung ist vielen anderen ähnlich, die ich damals im Internet gefunden habe: »Das Ende der Welt: Warum glüht JETZT der Himmel in befremdlichem GELB über Großbritannien? BRITANNIEN wurde in ein warmes Leuchten getaucht, während der Himmel gelb wird und die Sonne rot glüht, so dass einige befürchten, das könnte das Ende der Welt bedeuten.« (URL: https://www.express.co.uk/news/uk/867026/Yellow-sky-red-sun-UK-weather-Storm-Ophelia-Sahara-Nibiru , abgerufen am 15.5.2020)

Grund für das Naturphänomen war der Hurrikan Ophelia, der mit gelblich-dunklen Wolken voller Sahara-Staub auf seinem Weg nach Irland an Südengland vorbeigezogen war. Da viele Menschen diesen ungewöhnlich gefärbten Himmel und die orangene Sonne fotografiert haben, kannst du im Internet bis heute Aufnahmen davon und Berichte darüber finden. Allerdings ist es nur wenigen gelungen, die Färbung des dunklen, grünlichen Himmels und der dunkelorangenen Sonne naturgetreu einzufangen. Wir haben es selbst auch vergeblich versucht. Die Digitalkameras haben wegen der (natürlich immer noch sehr hellen) Sonne sofort die Farben adjustiert und damit verfälscht. Einen ungefähr korrekten Eindruck vermitteln die Fotos auf bit.ly/2XmfXnA und das YouTube-Video youtu.be/OjFiYYFOTrc von *Trending News* (beides abgerufen am 27.4.2020).

Trotz des merkwürdigen Himmelslichts, trotz des starken Windes und sogar trotz einer Tornadowarnung, von der wir mittlerweile im Café erfahren haben, entschließen wir uns, unseren Weg Richtung Tor fortzusetzen.

Am Glastonbury-Tor

Schon unten am Fuß des Hügels spüre ich deutlich das Energiefeld dieses Kraftorts. Ich fühle Freude in mir aufsteigen, die Freude, heute endlich wieder hier sein zu können.

Meine Begleiterin hat Liebeskummer, und sie sagt: »Ich wünschte, ich könnte intuitive Botschaften und innere Führung so leicht und spielerisch empfangen wie du.« »Jetzt, hier an diesem mystischen Kraftort, kannst du das auch«, antworte ich. »Hier in diesem Kraft- und Heilungsfeld ist die Verbindung zur inneren Führung und intuitiver Wahrnehmung für jeden leicht. Du brauchst dich dazu lediglich bewusst zu öffnen und innerlich darauf einzustellen.« Ein skeptischer Blick ist ihre Antwort.

»Stell dir jetzt schon hier am Fuß des Hügels, bereits zu Beginn unseres Aufstiegs, innerlich die Herzensfrage, die dich gerade bewegt. Stell dir vor, das sei so, als ob du einen bestimmen Radiosender suchen und einstellen wolltest. Schalte dafür schon ab der ersten Stufe dieses Wunderweges innerlich auf Empfang. Ich verspreche dir, das Empfangen funktioniert hier viel leichter als sonst zuhause, und die immense Heil- und Strahlkraft dieses Platzes wirkt schon hier unten.«

»Also gut«, sagt sie, »das probiere ich aus: *Wie kann ich erreichen, dass in meinem Leben nicht immer wieder XYZ passiert?*« Nur wenige Schritte weiter korrigiert sie sich: »Besser dienlich wäre doch die Frage: *Wie schaffe ich es, dass …?*« Während sie so laut denkt, fällt mir auch ein

Thema ein, was mich schon länger beschäftigt. Ich beschließe, auch meine Frage auf dem eine Weile dauernden Aufstieg innerlich im Fokus halten: *Wie schaffe ich es, dass …?*

»Nein, so nicht«, empfange ich da innerlich. »Bitte, während du hier gehst: *Ich bitte darum, dass … Ich bitte darum, dass in mir alles, was dem im Weg steht, geheilt und gerichtet wird. Ich bitte darum, dass das in mir, was von diesem Thema berührt wird, in die richtige Ordnung zurückkommt.*«

»Ich bitte darum, dass…«

Vielleicht magst du auch, während du uns lesend weiter hinauf auf den Tor-Hügel begleitest, innerlich einen eigenen Wunsch, eine eigene Bitte in dein Herz nehmen? Vielleicht wählst du die Situation, die Herausforderung, die dir schon beim Einstieg in dieses Kapitel in den Sinn gekommen war.

Noch unten am Fuß des Tors steht ein »Wishing Tree«, ein sogenannter Wunschbaum, wie man sie hier in und um Glastonbury oft sieht. Bunte Bänder, zum Teil mit Perlen und Federn geschmückt, wurden von Wünschenden mit einer innerlichen Bitte oder einem Gebet oder für die Wunscherfüllung in den Baum geknüpft. Da wir den Brauch hier kennen, haben wir einige bunte Baumwollbändchen dabei. So knüpfen wir jetzt mit unserem Wunsch im Herzen *Ich bitte darum, dass* … ein Bändchen an einen der niedrig hängenden Äste. Damit sind unsere Wünsche nun auch physisch sichtbar.

Ein Band in den Wunschbaum binden

Vielleicht magst du dir vorstellen, dass du auch für deine Bitte ein Band in diesen Wunschbaum bindest? Ich habe noch einige Baumwollfäden in verschiedenen Farben dabei. Welche Farbe sollte das Band für deinen Wunsch haben?

Eine Reinigung vor dem Aufstieg

Wir verlassen den befestigten Aufstiegsweg und folgen einem kleinen Trampelpfad durchs tiefe Gras. Das lange, saftig-grüne Gras fühlt sich unter den Füßen an wie ein weicher Teppich. Da bemerke ich plötzlich den Geruch von geräuchertem weißem Salbei. Es riecht wie beim Smudgen, wie bei der Aura-Reinigung mit Räucherwerk, die oft zu Beginn von indianischen Ritualen durchgeführt wird. Dabei wird der Rauch von einem entzündeten Salbeibündel mit Hilfe einer großen Feder in das Energiefeld der Teilnehmenden gefächelt. Der Rauch von weißem Salbei löst negative Energien, bringt unseren Energiehaushalt wieder ins Gleichgewicht und wirkt ganzheitlich auf Körper, Geist und Seele.

»Warum habe ich heute Morgen den Salbei nicht eingesteckt?« schießt es mir durch den Kopf. »Dann hätten wir uns jetzt vor dem Aufstieg auch smudgen können.« Ich sehe einige Meter von uns entfernt eine kleine geführte Tourgruppe im Gras sitzen. »Aha, der Guide smudgt hier seine Gruppe noch relativ weit unten am Berg vor dem Aufstieg, das macht Sinn«, denke ich und beschließe entgegen meiner sonstigen Art: »Ich gehe jetzt zu ihm und bitte ihn, dass er uns beide auch smudgt.« Als ich jedoch die Gruppe erreicht habe und nachdem wir uns gegenseitig freundlich begrüßt haben, stelle ich fest: Sie haben dort lediglich eine Brotzeitpause eingelegt. Alle haben ihre Brote ausgepackt und essen genüsslich, von Smudgen keine Spur. Ich bin irritiert. Wir gehen weiter. Nach einer Weile rieche ich wieder deutlich den Geruch von einer Räucherung mit weißem Salbei. Mir ist rätselhaft, woher der Geruch kommt.

Meine Freundin deutet auf ein weit entfernt stehendes Haus, bei dem Rauch aus dem Schornstein steigt. »Daher kommt dein Räucherungsgeruch.« Ich bezweifle es, denn der Geruch von Kaminholz unterscheidet sich deutlich vom Geruch glimmenden, weißen Salbeis.* In dem Moment bläst der Wind plötzlich heftiger und zerzaust uns die

* Als ich später im Internet über das Sonnen-Phänomen dieses Tages recherchiert habe, fand ich auch diese Nachrichtenmeldung: »Social media users (…) claiming an unsually warm wind is causing the air to also smell of flowers and sandalwood.« (Auf dt.: Social-Media-Nutzer behaupten, dass wegen eines ungewöhnlichen warmen Windes die Luft nach Blumen und Sandelholz riecht. (URL: https://www.express.co.uk/news/weather/867164/Hurricane-Ophelia-map-path-update-Ireland-UK-storm-weather-met-Cork-City-football-roof, abgerufen am 21.4.2020)

Frisur. »Nun gut, dann lasse ich mich auf diese Art und Weise smudgen«, denke ich, und der Wind pustet noch heftiger. Ich hebe meine Arme und lasse mich bewusst von ihm durchblasen. Ich stelle mir dabei vor, dass dabei aus meinem Energiefeld alles fortgepustet wird, was hier heute auf unserem Mini-Pilgerweg, auf unserem Weg hinauf auf diesen heiligen Hügel, nichts zu suchen hat. Ich erfreue mich daran und spüre währenddessen, wie die Energie der Erde von unten durch meine Fußsohlen in die Füße, in meine Knie und Beine und dann in meinen ganzen Körper strömt. In diesem Moment ahne ich nicht, dass dieser Wind, der ein Ausläufer des Hurrikans Orphelia ist, später noch so stark werden wird, dass wir uns kaum noch werden aufrecht halten können. Unser Abstieg vom Tor wird deshalb später zum kleinen Abenteuer werden, bei dem ich immer wieder überlegen werde, ob es nicht vielleicht besser wäre, mich auf allen Vieren weiter zu bewegen.

Orangene Sonne

Auf zwei Dritteln Höhe des Hügels steht eine schlichte Holzbank ohne Lehne. Von hier aus ist der Blick über das weite Land traumhaft. Wir beschließen, hier für eine Weile zu bleiben und zu meditieren. Auf der Bank sitzend atmen wir zusammen ein paar Mal bewusst ein und aus und schließen dann die Augen. Hinter den geschlossenen Lidern sehe ich orangenes Licht schimmern. Und ich merke, ein orangenes Licht umhüllt meinen Körper.

Vor meinem inneren Auge sehe ich auch jetzt noch, mit geschlossenen Augen, die dunkelorange gefärbte Sonne. Eine große, orangene Kugel aus Licht, die jetzt mich, meinen ganzen Körper, jede Zelle und alles hier um mich herum angenehm sanft erwärmt. Das orangene Licht durchleuchtet und aktiviert das Energiefeld, das mich umgibt. Es belebt den physischen, den emotionalen und den feinstofflichen Körper. Es bringt angenehme Leichtigkeit mit sich. Meine Schultern sind leicht und frei, genauso mein Nacken und mein Gesicht. Obwohl ich mich lichtdurchflutet und innerlich ganz leicht fühle, bin ich gleichzeitig mit der wunderbaren Erdenergie des Tors verbunden: Ich spüre meinen physischen Körper und den Kontakt meiner Füße zur Erde.

Auch mein Emotionalkörper ist leicht: Ich fühle mich friedlich, sanft und frei. Ich bin glücklich und friedlich-still zugleich. »Und was ist mit den Gedanken?« meldet sich da ein Gedanke. Auch die Gedanken sind leicht geworden, fluffig, wie aufgeweicht und leicht schwebend, wie weiße Wolken an einem Sommerhimmel. Keinem Gedanken wäre es jetzt möglich, sich zu verhaken oder festzusetzen, sich schwer zu machen oder gar einen Grübelanfall auszulösen. Das Denken ist durchaus noch da, ja, aber ich beobachte es so, wie ich Wolken am Himmel bestaunen würde; so wie Wolken, die von alleine auftauchen, wunderschön anzusehen sind und unendlich vielfältig. Und die dann leicht und fluffig, von alleine in ihrem Tempo, auch wieder weiterziehen. Wie oft habe ich das schon sinngemäß so gehört oder gelesen. Jetzt, hier, in diesem Moment erfahre ich es. Alles in mir ist leicht und frei, natürlich und heiter.

Der Wind hat zugenommen, jetzt zerzaust er wieder meine Haare. Er pustet in die Ärmel meiner Jacke und spielt mit dem Stoff meiner Bluse. Er ist sehr lebendig und intensiv, so wie viele Stürme in unserem Leben ja auch. Aber jetzt lasse ich stoisch (sogar trotz der Orkanwarnung) den Wind hier zauseln und blasen. Ich spüre meine geerdete Verbindung, meine Verwurzelung nach unten. Das ist wie ein stabiles, festes Fundament und gibt mir das Gefühl innerer Sicherheit. Weiter durchflutet mich das orangene Licht. Es ist diese durchlichtende und erleichternde Energie, die diesen innerlich freien und befreienden Zustand erzeugt.

Schließe für einen Moment deine Augen. Stelle dir vor, auch du säßest hier auf dem Glastonbury Tor an diesem einzigartigen Tag. Stelle dir vor, du säßest jetzt hier mit uns zusammen auf der Bank. Betritt nun auch du bewusst den wunderbaren, orangefarbenen Lichtraum. Nimm dir dafür so viel Zeit, wie du brauchst.

Bitte jetzt noch einmal innerlich: *Ich bitte darum, dass ... Ich bitte darum, dass in mir alles, was dem im Weg steht, geheilt und gerichtet wird. Ich bitte darum, dass das in mir, was von diesem Thema berührt wird, in die richtige Ordnung zurückkommt.*

Anschließend kehre – in deiner Zeit und in deinem Rhythmus – behutsam wieder in die alltägliche Realität zurück.

Orakelstein: Antwort auf Herzensfragen

Wirkung des Lichtwerkzeugs

Wenn du Rat suchst, egal welcher Art und ganz gleich für welchen Lebensbereich, kann dir dieses Lichtwerkzeug dienlich sein. Es ermöglicht dir, Antwort auf die Fragen zu finden, die dir wirklich am Herzen liegen.

Lege dir etwas zum Schreiben bereit, damit du sowohl deine Frage oder ein Thema, für das du Rat brauchst, als auch die Antwort darauf bzw. den Rat, den du erhältst, schriftlich festhalten kannst.

Der Orakelstein der Glastonbury Abbey

Der Orakel-Stein liegt auf dem weitläufigen Ruinengelände der Glastonbury Abbey (*Abbey* bedeutet auf dt. *Kloster*). Schon in vorchristlicher Zeit soll dieser Ort für religiöse Rituale genutzt worden sein. Um die Abbey ranken sich viele Legenden. Man sagt beispielsweise, das Kloster solle von Jüngern Jesu gegründet worden sein. König Arthus soll hier beerdigt worden sein (seine Grabstätte ist dort sogar in Google Maps markiert) und ebenso Joseph von Arimathäa, ein Anhänger Jesu. Der Legende nach soll Jesus selbst als Kind mit Josef von Arimathäa Glastonbury besucht haben.

Auf dem weiträumigen Gelände der Glastonbury Abbey liegt hinter dem gut erhaltenen, achteckigen Küchengebäude des Klosters etwas versteckt und von den meisten Besuchern und auch bei offiziellen Führungen unbeachtet ein etwa ein Meter langer eiförmiger Megalith.*

Ankommen und Einstimmen

Stelle dir vor, wie du dich neben diesen Stein ins Gras setzt und dich innerlich auf ihn einstimmst. Vielleicht magst du die Verbindung auch über das u.g. Foto aufnehmen? Lasse dir Zeit. Vielleicht

* Ein Foto des Megalithen-Eies mit der Aushöhlung, in der das Regenwasser steht, findest du auf https://www.KiraKlenke.de/Bilder

schließt du für eine Weile die Augen, um besser spüren und visualisieren zu können. Komme ganz hier an beim Orakelstein.* Versuche seine Schwingung zu erahnen.

Lege deine linke Hand aufs Herz und horche nach innen, spüre nach: »Welches Thema oder welche Frage bewegt mich jetzt gerade?« Schreibe dies auf. Gehe dabei mit deinem ersten Impuls, ohne lange darüber nachzudenken. Lasse einfach den Stift sich wie von alleine übers Papier bewegen und Worte formen und ganze Sätze. Oder du schreibst den folgenden Impuls-Satz ab: »Meine wichtigste (Herzens-)Frage in diesem Moment ist…« und vervollständigst dabei den ganzen Satz in einem Schreibfluss. Auch wenn du vielleicht eine Sekunde vorher noch nicht wusstest, was du da zu Papier bringen würdest, vertraue dem Fluss des Schreibens und deiner Intuition.

Dann lege deinen Stift beiseite. Mache den Kopf leer und frei, so gut es dir gelingt. Die folgenden Achtsamkeitsfragen, deine innere Wahrnehmung betreffend, können dir den Einstieg in die Anwendung dieses Lichtwerkzeugs erleichtern:

- Spürst du, wie sich beim Atmen dein Brustkorb bewegt?
- Spürst du das Gewicht deines Körpers auf dem Boden oder der Sitz-Unterlage?
- Hörst du Geräusche um dich herum? Stell dir vor, du hörst hier auf dem Gelände der Abtei die Vögel zwitschern und in der Entfernung ganz leise Menschenstimmen und gelegentlich Autoverkehr.
- Stelle dir vor, du legst nun behutsam deine Hände rechts und links seitlich an den Stein. Fühlst du, wie kühl er ist und dass seine Oberfläche uneben ist?

Das Orakel befragen

Erinnere dich an dein Thema oder deine Frage, auf die du Antwort suchst. Stelle dir vor, du nimmst sie in die Mitte deiner Brust, mitten in deinen Herzraum. Lies sie dort, ohne tatsächlich deine Stimme zu erheben, innerlich laut. Sprich sie (innerlich vorgestellt) laut in deinem Herzraum aus. Stelle dir dabei vor, die Worte hallen laut im Raum deines Herzens. Tu das jetzt. Vielleicht magst du es noch einmal wiederholen?

Bitte nun innerlich um Antwort. Betrachte dabei den Megalithen, dieses große Ei aus Stein. Er ist oben ausgehöhlt. In der Aushöhlung steht Regenwasser. Der graue, englische Regenhimmel spiegelt sich darin. Die Wasseroberfläche sieht von dort, wo du sitzt, silbern aus. Schaue mit weitem, weichem Blick, ohne irgendetwas zu fokussieren, auf diesen Naturspiegel. Er ist glatt, unbewegt und silberfarben.

Halt, stopp, denke jetzt nicht nach. Spüre stattdessen in dein Herz und schaue dabei hin, schau in den grau-silbernen Spiegel, in das gespiegelte Ebenbild des Himmels hoch über dir. Schaue hinein mit weitem und nicht fokussiertem Blick.

Dann warte, warte einfach ab. Es gibt nichts – nichts! – weiter für dich zu tun. Die Antwort wird nun von selbst kommen.

Was hörst du? Was siehst oder spürst du? Oder: Wie fühlst du dich jetzt? Was fühlst du jetzt? Was ist der erste Gedanke, der dir nun durch den Kopf schießt? Vielleicht hörst du innerlich eine Antwort, erhältst so einen Rat deine Frage betreffend. Vielleicht siehst du etwas? Vielleicht bemerkst du irgendetwas in deinem physischen Körper oder in deinem Emotionalkörper. Oder vielleicht empfängst du etwas ganz anderes. Lasse dir Zeit, schließe die Augen.

Abschließend mache dir ein paar Notizen. Solltest du (noch) nichts empfangen haben, dann achte in den nächsten Stunden und Tagen auf Hinweise, die dir deine Frage betreffend überall und jederzeit begegnen können.

Schließe mit einem innerlichen Dank an das Orakel und an diesen wunderbaren Kraftort ab. Kehre mit deiner Aufmerksamkeit aus deiner Innenwelt zurück in das Jetzt, zurück an den Platz, an dem du gerade sitzt. Atme ein paar Mal bewusst tiefer durch. Strecke dich ein bisschen, so wie du es morgens beim Aufwachen machst, und kehre zurück an den Platz, an dem du gerade sitzt und dies liest.

Rhodonitrosette: Aus dem Herzen handeln

Wirkung des Lichtwerkzeugs

Dieses Lichtwerkzeug aktiviert das Herzchakra und den inneren Herzraum.

Du kannst damit auch klar erfassen, was du zu tun hast, wenn du ein Projekt, eine Aufgabe oder ein Ziel hast, bei dem es Zeit wird, endlich aktiv zu werden. Dieses Lichtwerkzeug ist auch dann dienlich, wenn du bereits aktiv handelst, aber spürst, es wird Zeit, die Art deiner Handlung zu verändern.

Sollte so etwas bei dir anstehen, nimm dir jetzt die Zeit, dein Thema oder Vorhaben kurz zu notieren.

Die Lady Chapel

Wieder bewegen wir uns auf dem Gelände der Glastonbury Abbey. Zu den Ruinen dort gehört auch die Marienkapelle (engl.: Lady Chapel). Das Kryptagewölbe unter der Kapelle ist erhalten geblieben und begehbar. Es wird gesagt, dass sich zwei Leylinien innerhalb dieser Krypta kreuzen und dass deshalb dort die Erdenergie besonders stark sei.

Einstimmung

Stelle sicher, dass du für eine Weile ungestört bist. Setze dich mit aufrechtem Rücken, aber dennoch entspannt hin. Achte zunächst auf deinen Atem. Lasse ihn dabei fließen, ohne dass du dich einmischst.

Genieße, dass du nun überhaupt nichts Besonderes tun musst. Du darfst einfach so sein, wie du jetzt gerade bist. Schließe für einen Moment deine Augen, bevor du weiterliest. Mit dem Schließen der Augen stelle dir vor, dass du damit die äußere Welt und deinen Alltag außen vor lässt.

Halte, während du weiterliest, einen ruhigen, meditativen Zustand, so gut es dir gelingt. Lasse dir beim Lesen so viel Zeit, wie du benötigst. Erlaube dir dein eigenes Tempo. Vielleicht magst du zwischendurch kleine Pausen einlegen, um mit geschlossenen Augen die Bilder besser zu visualisieren oder erspüren zu können.

Komme mit mir an den Ort der Kraft

Über gepflegten, englischen Rasen geht es zur Ruine der Marienkapelle. Eine Steintreppe führt hinunter in die Krypta, die auch heute noch unter der Erdoberfläche liegt, aber nun ohne Decke nach oben zum Himmel geöffnet ist. Von der Kirche darüber stehen nur noch die Außenwände.

Jetzt im Sommer sind hier unten Holzbänke aufgestellt. Langsam, andächtig und achtsam gehen wir zunächst eine Weile im Raum auf und ab, um uns hier unten einzuspüren. Dann setzen wir uns auf eine Bank, die seitlich, ungefähr in der Mitte des Raumes, steht. Wir schließen die Augen und öffnen uns für die Energien dieses Raumes. Schon bald spürst du ganz sanft einen Druck. Anfangs rechts und links am Kopf, dann umhüllt er deinen ganzen Oberkörper. Besonders deutlich spürbar ist er im Herzraum und auf deinem Dritten Auge. Je länger du hier sitzt, um so intensiver wird das Gefühl. Dein ganzer Oberkörper und der Herzraum werden leicht vibrierend belebt. Die vibrierende Energie fließt nun auch in die Arme. Besonders deutlich wahrnehmbar ist sie in den Händen.

Der sanfte Druck von außen fühlt sich so ähnlich an, als wäre dein Körper unter Wasser. Du badest förmlich darin und verlierst das Zeitgefühl. Dein Verstand ist ruhig. Es ist, als »würdest« du meditiert. Hier wird dir dieser gedankenlose Zustand geschenkt, den man sonst erst nach einer ganzen Weile des Meditierens erreicht (wenn es gut läuft).

Bald spürst du die Energie des Ortes in jeder Zelle. Kennst du das kühle, frische Gefühl, wenn du mit offenem Mund atmest, nachdem du kurz zuvor ein Pfefferminzbonbon gelutscht hast? Ein ähnliches Gefühl wie das, was man dann im Hals hat, spürst du hier innerlich im ganzen Körper. Frisch und intensiv, als ob ein kühler Wind durch alle Zellen haucht. Von dieser intensiven Energie durchspült, spürst du nun, wie dein inneres Strahlen aktiviert und verstärkt wird. Du strahlst aus dir heraus. Hier ist es körperlich spürbar: Wir sind Wesen aus Licht und Energie.

Die Rhodonitrosette

Gelegentlich öffnest du die Augen einen Spalt breit, wenn andere Menschen den Raum betreten, leise sprechen, etwas fotografieren und dann wieder gehen. Bei einem dieser Blinzler fällt dein weiter, sanfter und unfokussierter Blick auf die alte, beige-graue Backsteinmauer gegenüber. Dort bleibt er an den Überresten einer die Wand oben verzierenden Reliefborde hängen. Dort fesselt eine verwitterte Steinrosette deine Aufmerksamkeit. Du siehst sie innerlich auch noch, nachdem du die Augen schon wieder geschlossen hast. Einige Meter vor dir in der Luft, auf Augenhöhe, verändert sie sich nun. Ihre Form bleibt erhalten, der Stein verwandelt sich in einen Rhodonit. Die Rhodonitrosette ist altrosafarben und von helleren und dunkleren Schattierungen durchzogen.

Stelle dir vor, du könntest deinen inneren Blick dort entspannt »einhängen«. Betrachte innerlich sanft und möglichst entspannt die rosafarbene Steinrosette mit ihren Maserungen. Diese ist jetzt dein Fokuspunkt – auch für deinen Verstand, damit ist er schauend beschäftigt und hat etwas zu tun. Denn: Die Haupt-Aktivierung findet währenddessen in deinem Herzen statt, im Herzraum mitten in deiner Brust. Groß und weit fühlt er sich an und warm. Gleichzeitig spürst du eine Aktivierung beider Hände. Obwohl es kühl ist hier unten in der ehemaligen Krypta, sind beide Hände warm und energetisiert, gut durchblutet. Der Tastsinn der Handinnenflächen wurde aktiviert und hat sich deutlich spürbar erhöht.

Wenn du etwas tun willst, wenn du aktiv werden willst, dann tue es aus dem Herzen heraus, tue es von ganzem Herzen.

Wenn du Träume verwirklichen und leben willst, musst du sie zunächst vor deinem inneren Auge sehen. Du brauchst dafür immer zunächst eine mentale Version. Aber um so diesen Traum oder deine Vision manifestiert in die Realität zu bringen, muss immer auch die Flamme in deinem Herzen gezündet werden. Das ist so ähnlich, als wolltest du eine Suppe auf einem Gasherd kochen: Du hast die Idee, dir eine Suppe zu kochen. Also überlegst du dir, welche Zutaten du dafür brauchst. Dann prüfst du, ob du alle Zutaten schon im Haus hast oder ob du einiges noch vor dem Kochen besorgen musst.

Bevor du konkret anfängst zu kochen und vor allem, bevor du konkret deine Suppe physisch genießen kannst, musst du als erstes die Flamme deines Herdes zünden. Das ist notwendig, damit aus deiner Idee eine physisch essbare, schmackhafte und gut verdaubare Suppe wird. Das erfordert nicht viel, aber du musst wissen, wo und wie du den kleinen Zündknopf drückst. Dann lodert die Flamme, und mit Hilfe eines passenden Topfes, der Zutaten und deinem vorher gut durchdachten Plan ist die Suppe ruckzuck fertig.

Aber du musstest dafür – in dem Moment des Übergangs vom mentalen, also noch feinstofflichen, Konzept zum praktisch-physischen Manifestieren – die Flamme zünden. Bei deinem Vorhaben oder der Aufgabe, die du zu Beginn notiert hast, ist dies die Flamme in deinem Herzen. Und genau dazu dient dieses Lichtwerkzeug, die Rhodonitrosette.

Eine erfolgreiche Umsetzung von Projekten und eine angemessene Handlung haben ihre Wurzeln in deinem Herzen. Stelle dir vor, du nimmst jetzt bewusst dein Vorhaben in dein hier in der Krypta bereits aktiviertes Herz. Dann spüre, wie sich dein Herzensfeuer in gleicher Qualität und Intensität auch in deinen Handflächen spiegelt. Was wollen deine »herzgesteuerten« Hände nun tun? Was möchten oder was sollten sie jetzt anpacken? Und wie?

Schließe für einen Moment deine Augen. Spüre dein Thema in deinem Herzen und spüre deine vom Herzen aus aktivierten Hände. Was ist der allererste Impuls? Vielleicht hörst du auch innerlich etwas? Oder du siehst etwas. Was fühlst du? Wie fühlst du dich jetzt? Und was könntest du daraus für dein Projekt folgern? Lasse dir Zeit. Empfange.

Dann schließe ab mit einem innerlichen Dank. Kehre mit deiner Aufmerksamkeit aus deiner Innenwelt zurück in das Jetzt. Atme ein paar Mal bewusst tiefer durch, strecke dich ein bisschen, so wie du es vielleicht morgens beim Aufwachen machst, und kehre hierher zurück, an den Platz, an dem du gerade sitzt und dies liest. Mache dir ein paar Notizen.

Solltest du (noch) nichts empfangen haben, dann achte in den nächsten Stunden und Tagen auf Hinweise, die dir, dein Thema betreffend, überall und jederzeit begegnen können.

Menhir: Sehnsucht als Kompass

Sehnsucht ist eine immens starke Kraft. Deine Sehnsucht nach etwas, selbst wenn du sie vielleicht noch nicht genau benennen kannst, kann dir als Kompass dienen. Je größer und je schmerzhafter ein Sehnen in dir ist, um so besser, klarer und nachhaltiger wird es dich dorthin leiten können, wo du dein Glück, deine Zufriedenheit und deinen Lebenssinn findest.

Für die Anwendung dieses Lichtwerkzeuges benötigst du etwas zum Schreiben.

Wirkung des Lichtwerkzeugs

Hier erforschst du dein Sehnen. Du erforschst, wo in deinem Leben du nicht deinem inneren Kompass oder der Stimme deines Herzens folgst. Du ergründest, wonach du dich wirklich sehnst. Erst wenn du das klar benennen kannst, hast du die Chance, dein Leben entsprechend zu verändern.

Lichtreise zum Menhir in England

Stelle dir vor, du stehst auf einer saftig grünen Wiese auf einer weiten Hochebene in Südengland. Du atmest das Gefühl der Weite ein. In der Ferne siehst du das dunkelblaue Meer. Ein frischer Wind weht, du atmest innerlich auf.

Endlich hast du Zeit für dich, bist fort von allem, was dich sonst im Alltag auf Trab hält. Der Wind zupft an deiner Jacke. Er zerzaust dir die Haare, als wolle er dir den Kopf freipusten. Du lächelst. Du hast Glück mit dem Wetter, es ist trocken heute. Der Himmel strahlt blau hinter den ebenfalls zerzausten Wolken, die sich nun wegen des starken Windes schnell verziehen. Durch ein größeres Wolkenloch fällt hellgelbes Sonnenlicht. Es wird eingerahmt von einzelnen, vernebelten Sonnenstrahlen. Solche Nebellichtstrahlen, die zwischen dunklen Regenwolken vereinzelt auf die Erde fallen, nannte meine Oma früher »Gottesstrahlen«.

Nach einem kurzen Marsch quer durchs hohe Gras hast du ihn gefunden. Tatsächlich, da steht der Menhir, von dem man dir erzählt hatte. Es ist ein einzelner, fast zwei Meter hoher, aufrecht stehender Stein. Du bleibst in etwa einer Armlänge Entfernung vor ihm stehen. Der Stein ist hellgrau. Er hat kleine, dunklere Einschlüsse. Moos und Flechten haben sich auf seiner Oberfläche festgesetzt. Kurz spürst du den merkwürdigen Impuls, an ihm zu riechen. Wieder atmest du tief durch, atmest tief diese frische, deine Lungen weitende Meeresluft ein.

Du bewegst deine Füße ein bisschen und veränderst leicht deine Stellung, bis du auf einigermaßen geradem Grund fest und aufrecht stehst. Es scheint, als ob der unerschütterlich-aufrechte Stand des Steines auf dich abfärben würde. Auch du richtest dich jetzt automatisch noch ein Stückchen weiter auf. Auch du stehst nun ganz aufrecht, stolz, königlich und bist ganz präsent. So steht ihr beiden Wesen hier einander gegenüber – du und dieser Stein. Obwohl ihr euch in vielem so grundlegend unterscheidet. Zum Beispiel ist die Lebenszeit von uns Menschen im Vergleich zu der eines Steines lächerlich gering. Dennoch ist zwischen euch eine echte Begegnung und eine Art Kommunikation möglich.

»Wie ist dieser Menhir hierhergekommen? Noch dazu als ein einzelner Stein und so hoch aufrecht stehend?« fragst du dich. »Wurde er von Menschen hergeschafft und aufgerichtet?« Während du ihn so sinnend betrachtest, siehst du direkt vor dem Stein auf der Erde etwas glitzern. Kleine Edelsteine liegen da im Gras. Kleine Amethyste sind es, lilafarben und fast glasklar. Du deutest diese kleinen Edelsteine als Bestätigung: Deine Intuition hatte dich nicht getäuscht. Dies ist definitiv ein Ort der Kraft, den auch andere als solchen erkannt haben.*

* Beispielsweise in der indianischen Tradition ist es Brauch, dass man eine Gabe mitbringt und darbietet, wenn man einen heiligen Raum oder Kraftort betritt. So, wie man es auch machen würde, wenn jemand uns zu sich nach Hause einlädt.

Die geöffneten Handflächen zum Stein gerichtet, aber ohne ihn zu berühren, ertastest du sein Energiefeld. Dabei fühlen sich deine Handflächen warm und lebendig an. Überrascht spürst du nun den Hauch einer körperlichen Berührung: Es fühlt sich an, als würde etwas ganz sanft den Scheitelpunkt deines Kopfes berühren. Du spürst eine Art elektrisches Feld oben über deinem Kronenchakra. Während du dies wahrnimmst und gleichzeitig das Pulsieren in deinen Handflächen und deine stolze, aufrechte Haltung, schließt du langsam deine Augen. So kannst du spüren, sehen und hören, was sich dir nun auch innerlich zeigen wird.

Mit geschlossenen Augen legst du behutsam deine Handflächen auf die Steinoberfläche. Der Stein ist sehr kühl. »Wieso steht dieser Stein hier so alleine? Wie ist er hierhergekommen?« fragt sich dein rationaler Verstand noch einmal. Da hörst du eine Stimme in deinem Kopf, die deiner eigenen Stimme ähnlich ist und auch wieder nicht, die dich fragt: »Was tust du denn so alleine hier? Was hast du verloren in deinem Leben, dass du es sogar hier, so weit von Zuhause entfernt, suchst? Was vermisst du in deinem Leben, was ist es?« Bevor du Zeit hast, darüber nachzudenken, setzt sie nach: »Antworte jetzt nicht vorschnell, lass deine Handflächen weiterhin auf meiner Oberfläche liegen. Bleib weiterhin hier direkt vor mir stehen. Das Stehen ist gerade jetzt wichtig! Horche und spüre tief in dein Herz. Lass mich dich bei der Suche nach der Antwort auf diese Frage unterstützen. Was fehlt dir so sehr? Scheue beim innerlichen Forschen auch dann nicht zurück, wenn sich ein Schmerz meldet. Es ist auch möglich, dass Tränen fließen.«

Im diesem Augenblick weht der Wind dir erneut um die Ohren und den Kopf. Er bläst alles fort, was dein Forschen jetzt behindern könnte: überholte Konzepte und alte Programmierungen, die du im Laufe deines Lebens von anderen, von Autoritäten, übernommen hast, Sorgen und automatisierte Gedankenschleifen, die verhindern, dass du deiner eigenen Wahrheit folgst. Lasse alle Gedanken, die sich dir behäbig in den Weg stellen, hier oben auf dieser Hochebene fortblasen. Spüre, wie jetzt dein mentaler Zustand klarer wird.

Komme wieder in Verbindung mit deinem wahren und dem tiefsten Sehnen in dir

Spüre nach, forsche nach: Was ist es? Wonach suchst du schon so lange? Was fehlt dir in deinem Leben? Wonach hast du schon an so vielen Orten geschaut – bewusst oder auch unbewusst? Wonach sehnt sich dein Herz? Es lohnt sich, dieser Frage nachzugehen, denn erst, wenn du das weißt, wenn du verstehst, wonach du dich sehnst und was du suchst, wenn du das wirklich erkannt hast, erst dann hast du überhaupt – vielleicht zum ersten Mal in deinem Leben – die Chance, es zu finden.

Du nimmst dein Schreibzeug und beginnst zu schreiben: „Was sind wirklich meine Herzenswünsche und -ziele?“ Beschreibe sie nun detailliert. Mache sie schreibend so lebendig, dass du, wenn du diesen Text später wieder liest, allein damit deine Sehnsucht jederzeit wieder wecken kannst.

Notiere drei solcher Träume oder Wünsche. Aber es dürfen auch fünf oder zehn oder zwanzig sein. Dann notierst du zu jedem deiner Wünsche, warum du ihn für schwer (oder nicht) realisierbar hältst und was dich bisher daran gehindert hat, dich in diese Richtung zu bewegen.

Welcher Traum, welcher Wunsch auf der Liste ist dir der wichtigste? Spürst du den Schmerz, weil du diesen Traum bisher nicht lebst? Spüre jetzt, in diesem Moment, nach, wie wichtig dieser Traum wirklich für dich ist. Bestimme jetzt, in diesem Moment, ob du ihn in diesem Leben wahrmachen willst oder nicht. Falls nicht, ist das auch in Ordnung, aber dann lasse ihn bitte jetzt – noch während du hier auf der Hochebene bei dem Menhir stehst – wirklich ein für alle Mal endgültig los. Lasse den Wind ihn forttragen und in den Wolken über dem Meer gänzlich auflösen. Wenn du aber nun ein »Ja« für einen bestimmten Wunsch oder ein Ziel in dir spürst, dann entscheide dich jetzt. Entscheide dich hier an diesem magischen Ort und unterstützt von der mächtigen, zeitlosen Kraft des Menhirs, ab sofort wirklich diesem Traum nachzugehen. Dann erforsche jetzt hier in diesem so besonderen Moment weiter: Wie könnte es möglich sein, das zu leben? Was müsstest du anders machen als bisher? Was wären deine ersten Schritte auf dem Weg dorthin? Wo oder wie könntest du dir Unterstützung holen? Und sei dir gewiss, dass sich dir, sobald du dich jetzt hier innerlich dafür entscheidest, neue Wege und Möglichkeiten auftun werden.

Vielleicht magst du zum Abschluss noch eine Weile hier oben auf der Hochebene stehen oder sitzen bleiben und aufs ferne Meer schauen. Verweile so lange, wie du magst, an diesem Kraftort.

Dann schließe mit einem Dank an den Menhir und diesen wunderbaren Ort ab. Kehre langsam und in deinem eigenen Tempo mit deinem Bewusstsein wieder in die alltägliche Realität zurück. Atme dazu ein paar Mal bewusst tiefer durch. Bewege deine Finger, Hände und Füße. Lege die linke Hand auf das rechte Knie und umgekehrt. Falls du es noch nicht getan hast, mache dir ein paar Notizen dazu, was du zur Umsetzung deines Traums erfahren hast.

Wunschquelle: Wenn du es glaubst, wird es wahr

Zur Wirkung

Du kannst hier ein Thema (egal aus welchem Lebensbereich), ein Projekt oder ein Problem durchleuchten und erhellen. Nimm dir einen Moment Zeit, verschiedene Bereiche deines Lebens Revue passieren zu lassen. Wähle dann ein konkretes Thema oder Projekt aus und überlege weiter: Fehlt dir etwas in diesem Bereich? Oder ist dir etwas zu viel? Geht es dir darum, die jetzige Situation zu stärken oder sie abzumildern? Soll sie sich wandeln oder vielleicht ganz auflösen? Es ist gut, wenn du jetzt zu Beginn die Richtung, in die du gehen möchtest, bestimmst. Sei dann jedoch auch offen dafür, dass die Lösungshinweise und Energie-Informationen, die du durch dieses Lichtwerkzeug erhalten wirst, eventuell auch in eine andere, für dich unerwartete Richtung weisen könnten. Sei dir gewiss, dass die Unterstützung und die Geschenke, die du erhältst, zu deinem Besten sind – und zu dem aller Beteiligten.

Bei diesem Lichtwerkzeug, das mit der Kraft der vier Elemente arbeitet, wirst du nicht selbst überlegen, was du dir vom jeweiligen Element erhoffst oder erwünschst. Sondern hier geht es darum, dass du dich entspannt und so vertrauensvoll wie möglich, so erwartungslos wie möglich, dem anvertraust, was das entsprechende Element dich lehren, mit dir teilen oder dir schenken möchte.

Einstimmung

Stelle sicher, dass du für eine Weile ungestört bist. Sitze mit aufrechtem Rücken und entspannt. Achte zunächst auf deinen Atem. Lasse ihn sanft fließen, ohne dass du dich einmischst. Erinnere dich daran, dass der Fluss unseres Atems automatisch und ohne unser bewusstes Zutun funktioniert – wie so vieles andere auch in unserem Körper und in unserem Leben.

Genieße, dass du nun überhaupt nichts Besonderes tun musst. Du darfst einfach so sein, wie du jetzt gerade bist. Schließe für einen Moment die Augen, bevor du weiterliest. Mit dem Schließen der Augen stelle dir vor, dass du damit jetzt auch die äußere Welt und deinen Alltag außen vor lässt.

Halte, während du weiterliest, einen ruhigen, meditativen Zustand so gut es dir gelingt. Lasse dir beim Lesen so viel Zeit, wie du benötigst. Vielleicht magst du zwischendurch kleine Pausen einlegen, um mit geschlossenen Augen die Bilder besser zu visualisieren oder erspüren zu können.

Komme mit mir an den Ort der Kraft

Der englische Himmel ist verhangen, aber es ist glücklicherweise trocken heute. Die Luft ist angenehm kühl und frisch. In den liebevoll gepflegten Vorgärten der alten englischen Steinhäuschen blühen Blumen in allen Farben. Die Blätter der Bäume und die Wiesen sind saftig grün. Auf dem Weg zum heutigen Kraftort kommen wir durch einen Park und laufen an einem Teich vorbei. Eine kleine Steinbrücke führt an der schmalsten Stelle darüber. Die Zweige einer Trauerweide hängen so tief, dass sie die Wasseroberfläche fast berühren. Trotz des verhangenen Himmels ist es angenehm, hier spazierenzugehen. Die Atmosphäre in diesem kleinen, südenglischen Dorf ist so friedlich.

Durch den kleinen Park laufen wir auf eine Baumgruppe zu. Daneben führt ein unscheinbarer, schmaler Pfad, den man leicht übersehen könnte, hinunter zur Wunschquelle. Unten ist ein gemauertes Quellbecken mit im Stein eingelassenen Sitzbänken. Hier machen wir es uns mit einem mitgebrachten Sitzkissen und einer Decke bequem. Auch hier reichen die Zweige von den Bäumen tief hinab und berühren fast die Wasseroberfläche. Vögel zwitschern – die Luft ist kühl und angenehm frisch. Dieser geschützte, versteckt liegende Platz ist ein Naturtempel. Schon bald durchflutet uns der sanfte Frieden dieses Ortes.

Du atmest tief durch. Dein Brustkorb hebt sich und mit einem leisen, entspannten Seufzer atmest du wieder aus. Die kühle, frische Luft hier, das Plätschern des Wassers, der Geruch der feuchten Erde und die Tatsache, dass sich jetzt gerade die Wolkendecke über dir öffnet und sich tatsächlich einige Sonnenstrahlen zeigen, machen dir bewusst, dass hier, jetzt, alle vier Elemente um dich herum präsent sind.

Ein Ort, um zu erblühen

Dieser Ort strahlt eine Energie aus und besitzt eine Atmosphäre, die seine Besucher freud- und kraftvoll darin unterstützt, dass sie ihre Wurzeln wiederfinden und es dann schaffen, das zu leben, was von Natur aus in ihnen steckt. Dieser Ort unterstützt Menschen dabei, in sich zu erspüren, welche Samen sie in sich tragen: beispielsweise Samen der Kreativität, der Lebendigkeit oder wilder Verspieltheit. Dies ist ein Ort, um sich selbst wieder tief in den eigenen Träumen zu verwurzeln. Es ist ein Ort, der die Zuversicht nährt, ein Ort, der Mut geben will, das zu leben, was unser Leben, unser natürliches Sein und Wirken bereichert, verschönert und erhebt.

So wie die Bäume, die neben der Quelle wachsen, fühlst auch du dich jetzt hier sitzend gut verwurzelt und geerdet. Und so, wie sich die Baumkronen zum Himmel strecken, so merkst auch du hier, wie sich nun dein Kronenchakra energetisch nach oben öffnet. Der obere Teil deines Schädels wird aktiviert. Du spürst dort eine sanfte Berührung durch die Energie dieses alten Kraftplatzes. Es fühlt sich an wie ein ganz sanfter, angenehmer Druck. Dein Scheitelchakra und das Energiefeld oben auf deinem Kopf öffnen sich nach oben und weit in alle Richtungen, wie ein umgedreht geöffneter Schirm. Hier bist du verbunden mit etwas, was im alltäglichen Tun und Wirken selten eine Chance hat, dich zu erreichen. Du bist verbunden mit etwas, was dein Denken ruhig werden lässt und Alltagsgedanken und Sorgen automatisch aus dem Bewusstsein schiebt. Du merkst, wie du auf einmal hellwach, aufnahmebereit und zu deinem Erstaunen gleichzeitig auch sehr geduldig bist. Du bist zufrieden, einfach hier zu sein – hier zu *sein*. Du hast jetzt keinerlei Erwartungen mehr. Im Moment ist gar nichts anderes denkbar, als dich vertrauensvoll dem anzuvertrauen und zu folgen, was sich dir jetzt hier zeigen wird.

Das Kraftfeld auf deinem Kopf fühlt sich an wie ein elektrisches Feld. Es verdichtet sich nun oben auf der Mitte deines Kopfes zu einem Strahl, der hoch hinauf in dem Raum über dir strahlt. Oder ist es umgekehrt? Kommt dieser Lichtstrahl von weit oben herunter, um dich hier unten auf der Erde zu berühren? Nun spürst du den ganz zarten und angenehmen Druck auch in der Mitte deiner Stirn beim Dritten Auge. Auch da wird ein relativ breiter Bereich um dieses Chakra herum mitbelebt und berührt. Von vorne leuchtet nun ein zweiter Lichtstrahl direkt auf und hinein in dein Drittes Auge. Und er wird von dort auch wieder hinausgestrahlt.

Der Lichtstrahl von oben verlängert sich senkrecht so weit nach unten, dass er mit dem anderen, der durch dein Drittes Auge einstrahlt, zusammentrifft. Du fühlst dich von den beiden kraftvollen Energiestrahlen gehalten. Du wirst aufrecht gehalten, sowohl äußerlich in der Sitzhaltung als auch innerlich in einem Bewusstseinsraum, in dem du aufrecht-aufrichtig, hellwach und vertrauensvoll bist. So bist du bereit zu empfangen – mit Antennen, die sonst im Alltag schlafen. Über das Dritte Auge, über den Scheitel, über ein Energiezentrum im Inneren des Kopfes und auch über deine feinstofflichen Hörkanäle empfängst du nun.

Die Energie des Erdelements

Vergegenwärtige dir noch einmal kurz das Thema oder Projekt, was du zu Beginn dieses Kapitels gewählt hast.

Gehe nun bewusst in Kontakt mit dem Erdelement. Spüre hin zur Kraft der Erde unter deinen Füßen. Fühle, wie du getragen bist.

Dem Element Erde wird die Materie zugeordnet, der Körper, materielle Besitztümer, Geld, Beruf und Erfolg, innerer und äußerer Halt, Verwurzelung, Sicherheit, Geduld und Entschleunigung sowie die Verbindung zur Erde und zur Natur. Bitte innerlich die Erdkraft, in einen Dialog mit dir zu gehen. Bitte sie, dich bei deinem Projekt zu unterstützen und dich dabei auch auf energetisch-feinstofflichem Weg, der den rationalen Intellekt umgeht, zu berühren und zu führen.

Es ist möglich, dass du an deinem Körper oder Energiefeld ganz sanfte »Berührungen« spürst. Es ist auch möglich, dass du innerlich Worte hörst oder Bilder siehst. Oder ein Gefühl meldet sich. Vielleicht hast du plötzlich einen Gedankenblitz oder eine Eingebung.

Vielleicht geschieht auch nichts von alledem. Bleibe auch dann vertrauensvoll und geduldig. Vielleicht kommt die Botschaft der Erde erst in der kommenden Nacht im Traum oder wird dir im Laufe der nächsten Tage bewusst. Oder die Schwingung der Erdenergieübertragung hat dich jenseits der Sinneswahrnehmungen erreicht, ohne dass du es bewusst bemerkt hast.

Die Energie des Wasserelements

Das Wasser steht im Zusammenhang mit allem, was fließt, auch mit unseren Körpersäften wie dem Lymph- oder dem Blutfluss. Es steht im Zusammenhang mit Fließen generell, also auch damit, Ins-Stokken-Gekommenes wieder in den Fluss zu bringen, oder damit, eine Stagnation (egal in welchem Bereich) zu überwinden. Das Wasserelement hilft loszulassen. Es reinigt physisch und emotional.

Denke hier auch an den Fluss deines Lebens insgesamt. Wie gut gelingt es dir derzeit, mitzufließen? In welchen Situationen hast du Vertrauen? In welchen stemmst du dich gegen den Fluss des Lebens? Das Wasser ist eng mit dem weiblichen, zulassenden, empfangenden Prinzip verbunden.

Bitte das Wasserelement, in einen Dialog mit dir zu treten. Bitte es, dir zu helfen, dich bei deinem Projekt zu unterstützen und dich auch auf energetisch-feinstofflichem Wege, der den rationalen Intellekt umgeht, zu berühren und zu führen. Bleibe offen dafür, was du nun innerlich (oder im Außen) sehen, hören oder fühlen magst.

Die Energie des Luftelements

Die Luft bewegt sich frei. Das Element ist leicht und schnell veränderlich – wie auch unsere Gedanken. Hier geht es um Gedanken, Denken, Ideen und mentale Konzepte, um Nachdenken, luftige Kreativität, aber auch ums Grübeln und darum, sich Sorgen zu machen. Die Luft bläst uns aber auch den Kopf frei. Sie verschafft Klarheit im Kopf und Wendigkeit im Denken. Auf einer höheren Ebene ist sie mit dem Lebenshauch verbunden, mit der Lebenskraft, die uns alle durchströmt.

Bitte das Luftelement, dich dabei zu unterstützen, klarer und unbeeinflusst von anderen zu denken und zu planen. Bitte darum, dass es dir Zusammenhänge verdeutlicht und dich auch auf energetisch-feinstofflichem Wege berührt und führt. Achte darauf, was du nun innerlich – oder im Außen – wahrnimmst, siehst, hörst oder fühlst.

Die Energie des Feuerelements

Das Feuer erzeugt Wärme, liebende und nährende Wärme, aber es kann auch zerstörerisch sein. Dann verbrennt es und legt alles in Schutt und Asche. Es ist auch ein Symbol für die Kraft der Liebe im Herzen, für das Feuer der Begeisterung, für pure Lebensfreude, Tatkraft, Willenskraft und Entscheidungskraft. Das Feuer hat die Kraft, »Früchte« reifen zu lassen und es hilft dabei, zu wachsen. Das Feuerelement ist männlich-aktiv und unterstützt dabei, Projekte tatsächlich zu beginnen und anzugehen. Es ist das Element der Wandlung und der Schaffenskraft.

Tritt nun auch mit dem Feuerelement in einen Dialog und bitte es um Unterstützung, so wie du es schon bei den anderen Elementen getan hast.

Schließe ab mit einem Dank an diesen Ort und die vier Urkräfte. Vielleicht magst du noch ein bisschen hier an der Quelle sitzenbleiben, um die Atmosphäre und das wunderbare Gefühl an diesem heiligen Ort zu genießen. Dann kehre in deinem Tempo wieder bewusst in die alltägliche Realität zurück. Atme dazu ein paar Mal bewusst durch und öffne sanft deine Augen. Bewege deine Finger, Hände und Füße. Lege die linke Hand auf das rechte Knie und umgekehrt. Vielleicht magst du dich strecken, um dann erholt und frisch, hellwach und aufmerksam wieder in dein alltägliches Jetzt zurückzukehren. Wenn du magst, mache dir ein paar Notizen.

Feuertänzerin: Zähme überschießendes Feuer in dir

Wirkung des Lichtwerkzeugs

Mit diesem Lichtwerkzeug lässt sich jegliche Art von überschießendem Feuer in dir besänftigen. Wenn du beispielsweise einen Entzündungsherd im Körper hast oder falls du häufiger an Entzündungen leidest, ist dieses Werkzeug zu empfehlen. Es ist sowohl im physischen als auch im Emotionalkörper wirksam. Auch emotionales Feuer wie alte, unerlöste Wut oder Zorn lässt sich damit besänftigen und auflösen. Du kannst dieses Lichtwerkzeug auf alle in dir schwelenden Schmerzherde jeglicher Art anwenden.

Wie ist das bei dir?

Spüre nach, ob und wenn ja, wo in deinem Körper »Feuerherde« schwelen. Das könnten Körperstellen sein, wo eine Entzündung sitzt. Nicht immer sitzt ein überschießendes Feuer nur im physischen Körper. Auch eine dich aufwühlende oder in dir brodelnde Emotion könnte es sein. Hast du gelegentlich Probleme damit, dein Temperament zu zügeln? Wirst du manchmal richtig wütend und vielleicht dann auch laut? Oder du wirst richtig wütend, verschließt dich dann jedoch und es brodelt in dir. Auch dafür ist dieses Lichtwerkzeug geeignet. Wenn dir das Beschriebene bekannt vorkommt oder wenn die Beschreibung etwas in dir anrührt, dann solltest du dieses Werkzeug für dich nutzen, auch wenn du gerade aktuell keinen »Feuerherd« verspürst.

Einstimmung

Um dieses Lichtwerkzeug zu nutzen, musst du Kontakt mit dem Feuerelement aufnehmen. Eine Möglichkeit dafür ist, dich noch einmal mit der kraftvollen Energie-Schwingung der Wunschquelle verbinden. Die Wunschquelle ist ein Ort, an dem du der Kraft aller Elemente mit Leichtigkeit begegnen kannst. Wenn du magst, lies dazu im vorigen Kapitel »Wunschquelle: Wenn du es glaubst, wird es wahr« noch einmal die Abschnitte »Komme mit mir an den Ort der Kraft« und »Ein Ort, um zu erblühen«.

Stelle dir innerlich vor, wie du dir an der Quelle wieder einen Platz auf der Steinbank suchst, einen Platz, der dir heute zusagt. Bedenke bei der Wahl, dass du heute hier in Kontakt mit der Weisheit und dem Wesen des Feuerelementes gehen möchtest.

Die Feuertänzerin

Nun wende dich der Kraft und dem Wesen des Feuerelementes zu, bitte es höflich und respektvoll (mit deinen eigenen Worten), sich dir zu zeigen. Bitte es, dir beim Aufspüren und Lösen von überschießendem Feuer in deinem Körper-Geist-System zu helfen.

Um dir den Kontakt zu erleichtern, zeigt sich das Feuerelement in einer weiblichen Gestalt. Sie bewegt sich in einer Art Tanz auf dich zu. Dabei schwingt die Feuertänzerin anmutig ihre Hüften und bewegt den Oberkörper in schlängelnden Bewegungen. Währenddessen jongliert sie mit vielen kleinen Feuerflämmchen.

Wo in dir sitzt überschießendes Feuer? Und welche Art von Feuer ist es?

Die Feuertänzerin greift gezielt an eine Stelle deines Körpers oder Energiesystems, wo ein überschießendes Feuer sitzt. Sie ergreift dort die Flamme und holt sie heraus. Diese setzt sie dann auf ein mit einem Spiegel beschichtetes Tablett, das sie elegant in ihrer anderen

Hand balanciert. Falls es notwendig ist, wiederholt sie das gleiche noch einmal an einer oder mehreren anderen Stellen deines Körpers.

Vermutlich kannst du intuitiv wahrnehmen, an welcher Stelle die Feuertänzerin bei dir welche Art von Flamme entfernt. Bei mir hat sie beispielsweise einmal aus der rechten Hüfte eine größere, dunkelblaue Flamme geholt. Auf mein Nachfragen erklärte sie, das sei eine Flamme der Traurigkeit. Auch du kannst die Feuertänzerin fragen oder selbst intuitiv erfassen, welche Farbe und welche Bedeutung ein entferntes Feuer hat. Damit du eine bessere Vorstellung bekommst, wie das konkret aussehen könnte, gebe ich dir ein paar Beispiele:

Ich rief die Feuertänzerin einmal, als ich eine Bronchitis mit schmerzhaftem Husten hatte. In den Verästelungen der Bronchien, die vor meinem inneren Auge aussahen wie ein feines, vielverzweigtes Geäst, sah ich viele ganz kleine rote Flämmchen in den winzigen Astgabeln sitzen. Die Feuertänzerin gab mir die Information zur Bedeutung bzw. Ursache des Feuers: Es war die ständige Anstrengung, stets Gutes leisten zu wollen.

Bei einer Zahnfleischentzündung im Backenzahnbereich saßen dort viele kleine Flämmchen, die in allen Regenbogenfarben schillerten. Hier ging es darum, zu viel zu »schlucken«, zu viel unzensiert aufzunehmen, ohne vorher zu prüfen: »Ist das gut für mich?«

Das Werkzeug funktioniert und wirkt auch ohne diese Informationen

Solltest du dich anfangs etwas schwer damit tun, den Ort der Flamme(n), ihre Farbe(n) und ihre Bedeutung(en) zu erfassen, macht das nichts. Denn du brauchst den Ort der Flamme, ihre Farbe und ihre Bedeutung nicht notwendigerweise zu wissen. Das Lichtwerkzeug funktioniert und wirkt auch ohne diese Informationen. Bitte in dem Fall die Feuertänzerin, ohne deine bewusste Anteilnahme zu wirken, und sie wird dies tun. Aber du wirst feststellen, dass dir, je öfter du die Lichtwerkzeuge benutzt, weitere Informationen immer leichter und detaillierter zugänglich werden.

Die Transformation

Nachdem die Feuertänzerin die Flammen aus dem Körper geholt hat, dekoriert sie diese achtsam, liebevoll und mit großer Ästhetik auf ihrem Spiegeltablett. Sind es viele Flammen, stapelt sie dabei auch einige übereinander. So gestaltet sie wunderschöne, bunte Flammenmandalas oder auch dreidimensionale, kunstvoll konstruierte Pyramiden auf ihrem Tablett. Sie hütet nun diese Flammen. Sie kümmert sich fürsorglich so lange darum, bis diese schließlich ganz von alleine auf dem Tablett erlöschen werden, weil sie dort nicht länger genährt werden. Du brauchst dich deshalb um diesen inneren Brandherd nicht länger zu kümmern oder zu sorgen. Du solltest im Gegenteil nun innerlich diese Flamme(n) loslassen.

Um das zu unterstützen, setzt die Feuertänzerin bei dir an jede der Stellen, wo sie zuvor eine Flamme entnommen hat, ein sanft hellleuchtendes Licht. Es sind kleine Lichtenergie-Kugeln, keine lodernden Flammen mehr. Diese Lichter strahlen in sanften Pastellfarben. Auch hier kannst du erfragen, welche neue Qualität, welche Bedeutung oder welche heilende Wirkung eine solche Lichtkugel hat.

Damit du davon eine bessere Vorstellung bekommst, betrachten wir noch einmal die drei Beispielsituationen von vorhin: In die Hüfte wurde mittig eine hellblaue Lichtkugel gesetzt. Ihre Qualitäten waren Entspannung und Zuversicht. Bei der Bronchitis hat die Feuertänzerin an die Stellen, wo vorher die roten Flämmchen gesessen hatten, kleine, hellrosafarbene Lichtkugeln gestellt, deren Qualität Liebe und insbesondere die Selbstliebe war. Bei der Zahnfleischentzündung im Backenzahnbereich hat sie winzige hellgelbe Lichter in die Zwischenräume der Zähne gesetzt. Deren Botschaft war: »Ich bin automatisch beschützt. Ich bin achtsam und zugleich entspannt dabei. Es ist leicht, für mich zu sorgen.«

Auch diese Zusatzinformationen sind optional und für die Wirkung des Lichtwerkzeugs nicht entscheidend. Erspüre bitte für dich selbst – jedes Mal, wenn du dieses Werkzeug für dich nutzt – wieder neu, was dir intuitiv sehend, hörend oder fühlend zugänglich ist. Und folge dem. Das Lichtwerkzeug ist auch ohne diesen vertieften Informationsaustausch immer wirksam und heilsam.

Schließe ab mit einem Dank. Kehre langsam und in deinem Tempo mit deinem Bewusstsein wieder zurück in die alltägliche Realität. Atme dazu ein paar Mal bewusst tiefer durch. Bewege deine Finger, Hände und Füße. Lege die linke Hand auf das rechte Knie und umgekehrt. Wenn du magst, mache dir ein paar Notizen, was du über die Feuerherde in dir erfahren hast.

Geweihschale: Heilimpulse für die Erde 1

Wirkung des Lichtwerkzeugs

Die nächsten beiden Lichtwerkzeuge dienen nicht dem persönlichen Nutzen, es sind »Werkzeuge des Dienstes«. Die Geweihschale sendet Heilimpulse an die Erde und das Kollektiv.

Zur Einstimmung…

…gehen wir noch einmal auf den Tor-Hügel in Glastonbury. Stelle dir vor, wie wir auf einem Weg mit befestigten Stufen den Hügel besteigen. Schon ab der ersten Stufe des Weges, noch weit unten am Hügel, kannst du das starke energetische Kraftfeld dieses Ortes spüren, wenn du dich innerlich dafür öffnest. Es ist ein Weg, der den Kreislauf ein bisschen in Wallung bringt, weil es die ganze Zeit bergauf geht. Der Blick über die liebliche, saftig-grüne Landschaft wird weiter, je höher wir kommen. Der Wind wuschelt uns durchs Haar und lässt uns automatisch tiefer durchatmen. Er bläst uns die Gedanken aus dem Kopf.

Oben angekommen suchen wir uns einen Platz im weichen Gras. Nun spüre, im Gras sitzend oder vielleicht auch liegend, bewusst hin zur Erde unter dir. Hier kannst du eine Weile ausruhen und ganz auf dem Tor-Hügel ankommen. Du kannst hier auch ankommen in dir selbst, so wie du jetzt gerade bist. Lasse dir dabei so viel Zeit, wie du möchtest. Vielleicht magst du die Augen schließen, um es besser zu spüren.

Die Geweihschale

Nach einer Weile richte dich sitzend auf, falls du gelegen hast. Denn du spürst nun, wie sich um deinen Kopf sanft eine Art Band legt.

Zuerst legt es sich um deinen Hinterkopf. Dann fühlst du, wie es sich seitlich, ein paar Fingerbreit über den Ohren, anschmiegt und sich schließlich mittig auf deiner Stirn schließt. Erstaunt bemerkst du, dass rechts und links an diesem Band die Schaufeln eines Hirschgeweihs befestigt sind. Stolz aufragend, weit ausladend und vielendig. Mittig in dieser »Geweihschale«, auf dem Scheitelpunkt deines Kopfes, liegt eine etwa zwanzig Zentimeter große, sehr helle, schon fast weißlich schimmernde Amethystkugel. Wie zuvor schon bei der Drachenkrone ist auch diese Kugel leicht, fast gewichtslos.

Nun schießen – es sieht so ähnlich aus wie bei den Plasmakugeln,* in denen Blitze von innen an das Glas der Kugel schießen – sich lebendig bewegende Lichtblitzstrahlen durch die Kugel und auch aus ihr heraus. Sie strahlen weit hinaus. Unendlich weit blitzen und strahlen sie in alle Himmelsrichtungen und bewegen sich in Lichtgeschwindigkeit über die gesamte Erde.

Auch bei diesem Lichtwerkzeug wird die Kugel von oben »betankt«: Heilsame, eine natürlich Ordnung fördernde Energie fließt von weit oben in die Kugel hinein und verteilt sich dann durch die vielen feinen Lichtblitzstrahlen überall auf unserem Globus. Diese berühren die Natur und erreichen auch Menschen und Tiere. Die Kugel sendet so ordnende Heilimpulse an unsere Erde und das Kollektiv.

Lasse dieses Lichtwerkzeug für einige Minuten ausstrahlend wirken. Solange, wie es sich für dich stimmig anfühlt. Du leistest damit einen konstruktiv-heilenden Beitrag für unseren Planeten, für das große Ganze und das Kollektiv.

Schließe dann mit einem innerlichen Dank an das Lichtwerkzeug und an diesen Kraftort ab. Atme ein paar Mal bewusst tiefer durch, strecke dich ein bisschen, so wie du es vielleicht morgens beim

* Eine Plasmakugel ist ein technisches, lampenartiges Spielzeug, das in den 1980er Jahren beliebt war. Die Kugel wurde laut Wikipedia schon im Jahr 1892 von Nikola Tesla erfunden (https://de.wikipedia.org/wiki/Plasmalampe, letzter Aufruf: 10.12.2019). Falls du diese Lampen nicht kennst, auf der Wikipedia-Seite sind auch Fotos.

Aufwachen machst. Kehre mit deiner Aufmerksamkeit aus deiner Innenwelt zurück in das Jetzt, zurück an den Platz, an dem du dies gerade liest.

Eine persönliche Anmerkung

Ich besuche schon seit Jahrzehnten Kraftorte und habe dabei bereits viel Ungewöhnliches erlebt. Nichtsdestotrotz äußert auch heute noch mein rationaler Verstand gelegentlich seine Zweifel. So war es bei diesem Lichtwerkzeug: »Eine Hirschgeweihschale auf dem Kopf?! Mit einer Blitze aussendenden Kristallkugel darin?!« Das war für meinen rationalen Verstand zunächst zu abgedreht. Glücklicherweise findet in solchen Momenten die innere und höhere Führung zusätzliche Mittel und Wege, um zu unterstützen. So erhielt ich bereits am nächsten Tag »per Zufall« die Information, dass auch andere schon dieses innere Bild am Tor empfangen hatten.

Diese Entdeckung machte ich, als ich in den kleinen, bunten und zum Teil etwas verrückten Lädchen von Glastonbury stöberte. Für mich nenne ich sie »Spielzeugläden für Erwachsene«. Dort gibt es Bücher, haufenweise Kristalle, Göttinnenskulpturen, schamanische und magische Werkzeuge, Räucherwerk usw. Perplex entdeckte ich dort ein Gemälde der »Lady of Avalon« von Caroline Gully-Lir, in dem die Künstlerin das Lichtwerkzeug sehr ähnlich gemalt hat.* Als ich später im Web nach einem Link zu dem Bild suchte, habe ich noch ein zweites Gemälde von einer anderen Künstlerin mit dem Motiv entdeckt.** Eine Weile danach las ich im Begleitbuch zum Kartendeck *Avalon: Spüre das Licht der Kelten in dir* von Anne-Mareike Schultz: »[Das] Geweih symbolisiert die Verbindung zum Licht und erinnert uns daran, uns an der höchsten Schwingung auszurichten und die Energie und das Vertrauen zu halten. […] [Das] Geweih wird bis heute in vielen schamanischen Kulturen benutzt, um sich mit Kraft, Licht und Vertrauen aufzuladen und schwere Energien zu transformieren.«

* Aktueller Link zum Bild auf https://www.KiraKlenke.de/Bilder

** Link zum Bild auf https://www.KiraKlenke.de/Bilder

Selenit-Kristallstab: Heilimpulse für die Erde 2

Zur Wirkung

Dieses Lichtwerkzeug dient, wie schon das vorherige, nicht dem persönlichen Nutzen. Auch dies ist ein »Werkzeug des Dienstes«. Es sendet Heilimpulse *in* die Erde. Im Unterschied zum vorherigen, das großräumig ausstrahlt, wirkt dieses Lichtwerkzeug lokal, zum Beispiel für ein bestimmtes Blumenbeet oder einen Baum. Das Lichtwerkzeug arbeitet schnell, innerhalb von Minuten.

Gibt es eine Stelle in der Natur oder eine bestimmte Pflanze, der du Heilimpulse senden möchtest?

Besuche diesen Ort, gehe zu der Pflanze. Sollte das aus irgendeinem Grund nicht tatsächlich möglich sein, kannst du das Lichtwerkzeug anwenden, indem du dir (geistig) vorstellst, dort am Ort zu sein.

Zur Einstimmung

Zur Einstimmung verbinde dich wieder mit der Energie des Glastonbury Tors. Dadurch wird die Kraft des Lichtwerkzeugs verstärkt. Du kannst dazu ein Foto des Tors betrachten oder noch einmal die Einstimmung aus dem Kapitel »Heilimpulse für die Erde 1« lesen.

Stelle dir vor, du sitzt oben auf dem Tor-Hügel. Stelle dir weiter vor, du schaust von hier aus über die weite, liebliche und üppig grüne Landschaft von Somerset. Atme die frische Luft ein. Es ist ein bisschen windig, und der Wind streichelt sanft dein Gesicht. Lasse dir so viel Zeit, wie du benötigst, um innerlich hier anzukommen. Vielleicht magst du die Augen schließen, um besser visualisieren und erspüren zu können.

Heilimpulse senden

Halte innerlich die Energieverbindung zum Tor und den ruhigen, meditativen Zustand, während du real an dem Ort bist, an dem du das Lichtwerkzeug anwenden möchtest.

Winkle deinen linken Arm an und halte die Hand geöffnet, ein Stückweit unter Schulterhöhe. In diese empfangende Hand legt sich nun quer ein etwa vierzig Zentimeter langer Kristallstab. Er ist aus Selenit, weiß und undurchsichtig, längs gemasert und im Tageslicht silbern schimmernd. Er hat einen Durchmesser von zwei bis drei Zentimetern. Deine Finger umschließen ihn sanft, aber fest. Du drehst die Hand nun so, dass du den Stab senkrecht hältst.

Er ist oben und unten mit Weißgold eingefasst. An seiner Spitze sitzen kleine kristallklare, gelb- und lilafarbene Edelsteine. Die Vermutung liegt nahe, dass durch solche Lichtwerkzeuge irgendwann die Märchenbilder vom Zauberstab entstanden sind.

Der Stab wird jetzt durch einen Strahl, der von weit oben kommt, mit weißer Lichtenergie kraftvoll aufgeladen. Dies geschieht sehr schnell. Dann rammst du ihn mit Schwung, aber gleichzeitig auch mit Gefühl, dort senkrecht in die Erde, wo die Heilimpulse gebraucht werden. Die durch den Stab kanalisierte Lichtenergie fließt in die Erde und dort zu dem Baum, dem Beet oder der Pflanze. Sie nährt sie und hilft ihnen, sich zu regenerieren.

Schließe mit einem innerlichen Dank an das Lichtwerkzeug ab. Kehre mit deiner Aufmerksamkeit aus deiner Innenwelt zurück in das Hier und Jetzt.

Ergänzende Anmerkung

Ich habe das Lichtwerkzeug mit Erfolg bei einem kleinen, neu gepflanzten Obstbaum mit Insektenbefall angewendet. Dabei habe ich den Selenit-Kristallstab über eine Woche hinweg täglich wiederholt benutzt.

Schnell & Easy II: Zurück zu natürlicher Ordnung

Wirkung des Lichtwerkzeugs

Dieses Lichtwerkzeug hat die Wirkung, dich in kurzer Zeit zu energetisieren und zu erfrischen. Es wirkt schnell; die Anwendung dauert nur wenige Minuten. Alte, stockende Energie wird dabei durch klare Ursprungsenergie ausgetauscht und der Körper so gestärkt.

Einstimmung

Zur Einstimmung verbinde dich wieder mit der Energie des Glastonbury Tors. Dadurch wird die Kraft des Lichtwerkzeugs verstärkt. Du kannst dazu ein Foto des Tors betrachten oder noch einmal die Einstimmung aus dem Kapitel »Heil-Impulse für die Erde 1« lesen.

Auf zwei Dritteln Höhe des Tor-Hügels steht eine schlichte Holzbank ohne Lehne. Stelle dir vor, du setzt dich dort hin und schaust über die weite, liebliche und üppig grüne Landschaft von Somerset. Stelle dir weiter vor, du atmest dort die frische Luft ein. Es ist ein bisschen windig, und der Wind streichelt dein Gesicht. Genieße es, an diesem einzigartigen Kraftplatz zu sein. Lasse innerlich los und entspanne in diesen Ort hinein.

Die Kristallsohlen

Stelle dir vor, wie deine Füße auf dem natürlichen Lehmboden vor der Bank stehen. Hier auf der Erde vor dir liegen zwei länglich geformte, etwa zwei Zentimeter hohe Kristallsohlen aus hellem Amethyst. In deren Oberfläche sind reliefartige Muster eingraviert. Größe und Form der Sohlen entsprechen dem Umriss deiner Füße.

Ziehe in deiner Vorstellung deine Schuhe und Strümpfe aus und setze behutsam deine Füße auf die Kristallsohlen. Fühlst du den kühlen Stein unter deinen nackten Füßen? Vielleicht spürst du auch die reliefartige Oberfläche? Und wie der Stein sich langsam im Hautkontakt erwärmt, wie sich Fußflächen- und Steintemperatur allmählich angleichen? Die Kristallsohlen verstärken unseren natürlichen, ursprünglichen Kontakt zur Erde und zur Erdenergie. Eine die ursprüngliche Ordnung und natürliche Kraft wiederherstellende Energie fließt nun durch deine Füße und Beine hinauf in deinen ganzen Körper. Schließe für einen Moment die Augen, um besser spüren zu können.

Nun fühlst du in deinen sanft zur Faust geschlossenen Händen je einen spindelförmig geschliffenen Amethyst. Die Form spitzt sich an den Enden zu und schmiegt sich deshalb angenehm in deine Hände. Durch diese Steine strömt jetzt physisch spürbar noch mehr feine, leicht prickelnde Energie in dein System. Durch die Handflächen fließt sie in deine Hände und Arme und weiter in deinen Körper.

Schließe deine Augen und genieße das Gefühl. Gib dem Lichtwerkzeug Zeit, in dir zu wirken. Das geschieht sehr schnell, in wenigen Minuten.

Danach kehre langsam, in deinem Tempo, wieder bewusst in die alltägliche Realität zurück. Atme ein paar Mal tiefer durch. Öffne sanft deine Augen. Bewege deine Finger, Hände und Füße. Lege die linke Hand auf das rechte Knie und umgekehrt. Vielleicht magst du dich strecken, wie nach einem kurzen Mittagsschläfchen – um dann erholt und frisch, hellwach und aufmerksam wieder in dein alltägliches Jetzt zurückzukehren.

Drachenhelm: Unbeeinflusst und frei denken und sein

Zur Wirkung

Begib dich unter den Schutz des Drachenhelms, wenn du frei denken möchtest. Zum Beispiel dann, wenn du eine Entscheidung treffen musst oder willst. Oder wenn du dir so, wie du von Natur aus bist, wieder einmal Raum geben willst. Bei der Anwendung dieses Lichtwerkzeugs schalten sich Gedankenmuster des antrainierten Funktionierens aus. Es wird ruhiger in deinem Kopf und friedlicher. Du hast Raum, einfach nur zu sein, ohne dass alte eingeübte Gedankenmuster dich ständig gängeln und zügeln.

Dieses Lichtwerkzeug öffnet einen inneren Raum, der es ermöglicht, groß zu denken und zu träumen, unbegrenzt und frei. Darüber hinaus wirst du dich in dem inneren Raum, der sich mit Hilfe dieses Lichtwerkzeugs öffnet, ungewöhnlich sicher, geschützt und behütet fühlen.

Einstimmung

Zur Einstimmung verbinde dich wieder mit der Energie des Glastonbury Tors. Dadurch wird die Kraft des Lichtwerkzeugs verstärkt. Du kannst dazu ein Foto des Tors betrachten oder noch einmal die Einstimmung aus dem Kapitel »Heilimpulse für die Erde 1« lesen.

Auf zwei Dritteln Höhe des Tor-Hügels steht eine schlichte Holzbank ohne Lehne. Stelle dir vor, du setzt dich dort hin und schaust über die weite, liebliche und üppig grüne Landschaft von Somerset.

Stelle dir weiter vor, du atmest dort die frische Luft ein. Es ist ein bisschen windig, und der Wind streichelt dein Gesicht. Genieße es, an diesem einzigartigen Kraftplatz zu sein. Lasse innerlich los und entspanne in diesen Ort hinein.

Der Drachenhelm

Du spürst, wie mit ganz zartem Druck ein Metallhelm auf deinen Kopf gesetzt wird. Du kannst ihn deutlich spüren, und dennoch ist er dafür, dass er aus Metall ist, erstaunlich leicht. Das matt-silberne Metall schmiegt sich hinten um deinen Hinterkopf. Das fühlt sich angenehm an, ein bisschen so, als würde eine liebevolle Mutter ihre Hand sanft und schützend um das noch kleine Hinterhaupt ihres Kindes legen. Oben ist deine Schädeldecke bedeckt, aber da ist etwas Raum zwischen Kopf und Helm. Auch von oben hast du nun das Gefühl eines sanften Behütetseins.

Oben auf den Helm, ein kleines Stück zurückgesetzt, aber noch über der vorderen Kopfhälfte, befinden sich der Hals und der Kopf eines kleinen Drachens. Er ist ebenfalls aus matt-silbernem Metall. Der Kopf ist hoch erhoben und der Blick nach vorne gerichtet.

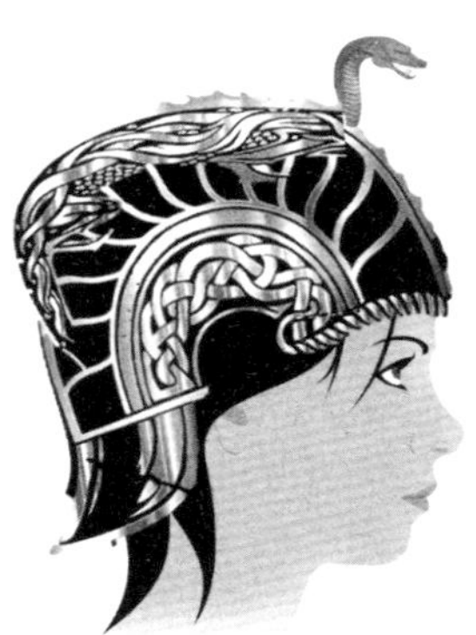

Wie schon bei anderen Lichtwerkzeugen zuvor wunderst du dich über die luftige Leichtigkeit des Konstruktes. Sicher fühlst du dich damit, geschützt, behütet, wie liebevoll gehalten hinter den Ohren, um die Ohren, am Hinterkopf und oben auf dem Kopf. Ein Gefühl der

Zuversicht durchströmt dich. Gleichzeitig fühlst du dich jetzt unbeeinflusst und frei. Du merkst, wenn du diesen Helm trägst, schalten sich Gedankenmuster antrainierten Funktionierens ab. Es wird ruhig in deinem Kopf, friedlich. Du kannst einfach nur sein, ohne dass alte eingeübte Gedankenmuster dich ständig gängeln und zügeln.

Dieser Helm hält dir den Kopf frei, wann immer du es benötigst. Dieser Zustand wäre übrigens für dich – für uns alle – öfter erforderlich, als du es, als wir es selbst bewusst bemerken. Bevor du im Außen aktiv wirst, musst du innerlich zentriert bei dir angekommen sein. Begib dich hierher an diesen Ort, komme hierher unter den Schutz des Drachenhelms, wann immer du frei und unbeeinflusst denken möchtest. Zum Beispiel dann, wenn du eine Entscheidung treffen musst oder willst. Oder wenn du dir wieder einmal so, wie du von Natur aus bist, Raum geben willst.

Dieses Lichtwerkzeug ermöglicht, groß zu denken und zu träumen, grenzenlos und frei. Unter dem Drachenhelm fühlst du dich – jetzt hier, in diesem Moment – sicher, geschützt und behütet. Genieße diesen Zustand und speichere ihn innerlich ab.

Nun nutze diesen inneren Raum dafür, etwas Neues zu planen, neu zu denken oder umzudenken: Was brauchst du, um freier und kraftvoller, positiv und lustvoll, sinnvoll und auch erfolgreich zu agieren? Was ist – von diesem freien, unbegrenzten Raum aus betrachtet – dein nächstes Ziel oder dein Plan? Was ist dein nächster Schritt? Lasse dir Zeit, dem nachzuspüren, dich neu auszurichten und Inspirationen zu empfangen.

Anschließend sitze einfach nur für eine Weile hier mit dem Helm auf dem Kopf. Ganz präsent, wunschlos glücklich und im Frieden, sicher und behütet. *Sei* einfach. Das ist mit Hilfe dieses Lichtwerkzeugs eine leichte Übung. Und sie hat gewaltige Kraft.

Die neuen Technologien und soziale Medien wie Facebook oder Whatsapp haben den Wahn, ständig und überall noch mehr Informationen zu sammeln, enorm verstärkt. Mit dem Drachenhelm kannst du ganz leicht die Kunst des einfachen Seins wieder erleben. Hier in diesem inneren Raum kannst du erfahren, wie schön und wie befreiend das ist und wie viel Erleichterung es bringt.

Dann kehre achtsam und in deinem Tempo wieder bewusst in die alltägliche Realität zurück.

Sch-Mantra: Reinigung und Neuordnung

Zur Wirkung

»Sch« ist ein kraftvolles Mantra, mit dem sich im menschlichen Körper und auch in Räumen die Energie klären lässt. Diese wird dabei so ausgerichtet, dass natürliche Ursprünglichkeit, Frische und Lebendigkeit wieder geweckt und aktiviert werden. Mit dem Werkzeug lässt sich auch lästiges Gedankenkreisen im Kopf unterbrechen. Es hilft dabei, zu einem belastenden Thema oder Problem innerlich Abstand zu finden und dabei neue Zuversicht zu gewinnen.

Zur Entstehung des Lichtwerkzeugs

Vor Jahren habe ich an einem Selbstheilungsseminar bei den bosnischen Pyramiden, die 2006 von Semir Osmanagić entdeckt wurden, teilgenommen. Bei den Ausgrabungen wurde unterirdisch ein komplexes Netzwerk von Gängen und Kammern entdeckt: Die Ravne-Tunnel, die mehrere Kilometer lang sind, wurden freigelegt und sind heute wieder begehbar. Wir haben uns damals mehrmals für einen längeren Zeitraum im Ravne-Tunnelsystem aufgehalten, um dort zu schreiben. Dieser Kraftort hat mich sehr beeindruckt und energetisch berührt.

In den Tunneln wurden große Megalithen entdeckt, die laut Semir Osmanagić vor über 32.000 Jahren aus Keramik künstlich gefertigt wurden. Mich hat bei jedem Besuch im Tunnelsystem erneut der mehrere Meter lange und mehrere Tonnen schwere Megalith K2 angezogen.*

* Damit du dir ein besseres Bild machen kannst, findest du den Link zu einem Foto vom K2 und dem Platz, wo ich allabendlich gesessen und geschrieben habe, auf www.KiraKlenke.de/Bilder

Einstimmung

Setze dich mit aufrechtem Rücken entspannt hin. Achte zunächst auf deinen Atem. Lasse ihn fließen, ohne dass du dich einmischst.

Genieße, dass du jetzt nichts Besonderes tun musst. Du darfst einfach so sein, wie du jetzt gerade bist. Schließe für einen Moment deine Augen, bevor du weiterliest. Mit dem Schließen der Augen stelle dir vor, dass du damit auch die äußere Welt und deinen Alltag einfach außen vor lässt.

Gehen wir an den Ort der Kraft

Wir betreten, zur Sicherheit mit Sturzhelmen ausgestattet, das Tunnelsystem unter den bosnischen Pyramiden. Über unebenen Boden geht es durch einen stellenweise sehr niedrigen und schmalen Tunnel, der mit einigen Glühbirnen beleuchtet ist, sanft bergab. Dann verzweigt sich das Tunnelsystem. Es steht uns nun frei, welchen Weg wir wählen. Wir gehen weiter geradeaus, das erleichtert die Orientierung. So kommen wir zu einer deutlich größeren Kammer. Dort liegt der K2-Megalith auf dem Boden.

Der Megalith K2

Bei seinem Anblick spürst du: »Hier ist mein Weg durch das Tunnellabyrinth für heute zu Ende, hier bleibe ich.« Rund um den Megalithen sind einfache Holzbänke an der Wand befestigt. Du suchst dir einen Sitzplatz möglichst nahe beim K2. Sitzend atmest du ein paar Mal bewusst die erfrischende kühle Luft ein. Du bemerkst, wie du hier unten schnell innerlich ruhiger wirst und entspannst. Mit weitem, unfokussiertem Blick betrachtest du den riesigen Keramikstein vor dir auf der Erde. Du spürst seine Präsenz und Ausstrahlung.

Vom Megalithen K2 strömt ein feiner Strahl aus hellblauem Licht zu dir. Der Strahl ist sehr dünn und in regelmäßigen Abständen mit dickeren Lichtblitzblasen durchsetzt. Da es schwierig ist, den Energiestrahl mit Worten zu beschreiben, hier eine Skizze:

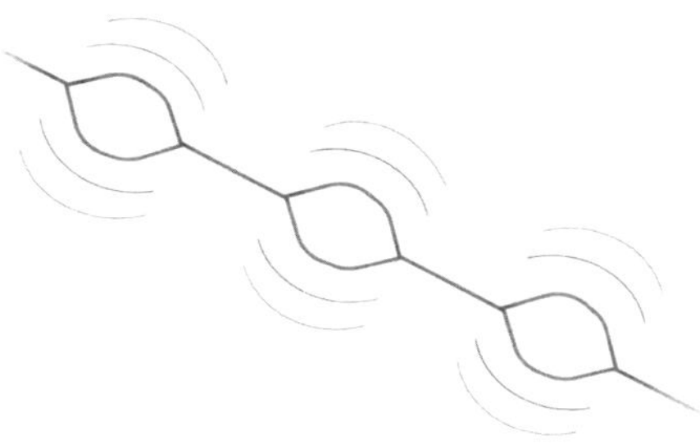

Der Strahl mit den Lichtblitzblasen erzeugt auch einen Ton, ein sehr leises, elektrisches Blöpp-Blöpp-Geräusch.

Das Sch-Mantra

Richte dich noch einmal bewusst auf – äußerlich und innerlich. Sitze äußerlich aufrecht und innerlich stolz und wach hier an diesem Kraftort. Lasse alle Absicht los. Atme ein und dann mit einem sanften, gut hörbaren und langen »Sch«-Laut aus. »Sch-he« dabei, solange dein Ausatmen fließt.

Spüre das »Sch-Sch« im Körper und führe es ausatmend bis in dein Zwerchfell hinunter. Dann, beim nächsten Atemzug, stelle dir vor, du ziehst es hinunter bis zu deinem Wurzelchakra. Beim nächsten Atemzug ziehst du es bis zu deinen Fußsohlen. Dann, beim nächsten Atemzug, ziehe es noch weiter hinunter bis zu einem Chakra, das außerhalb deines Körpers, etwa einen Meter unter deinen Fußsohlen, liegt. »Sch-he« weiter und stelle dir dabei vor, du schiebst von deinem innersten Kern ausgehend, von einer Art Achse aus, die senkrecht durch deinen Körper läuft, mit dem Sch-Ausatmen die Energie nach außen. Stelle dir vor, die Energie der Sch-Wellen dehnt sich in einem zwei bis drei Meter weiten Radius um dich herum aus.

»Kämme« mit den Sch-Wellen durch deinen ganzen physischen Körper und durch deine Aura. So harkst und schiebst du alles hinaus und fort, was nicht zu dir gehört. So entfernst du feinstofflich das, was den Fluss deiner natürlichen Energie behindert. Du kannst dies, wenn du magst, auch mit einer für dich stimmenden Handbewegung unterstützen, mit einem Fortschieben. Probiere es für dich aus.

Nun durch-sch-atme dein Gehirn und die Gehirnflüssigkeit. Dehne dabei die Energiewellen ein Stück weit über dein physisches Gehirn hinaus. Stelle dir dabei vor, die Sch-Energie läuft am Ende aus, so ähnlich wie eine Welle am Sandstrand.

So kannst du es auch **mit lästigen Gedanken** machen, die du einfach nicht loswerden kannst, mit verhärteten Gedankenformen, mit Sorgen oder Ängsten, die sich im Kreis drehen. Be-sch-atme sie, durch-sch-atme sie, und sie werden sich beruhigen.

Oder probiere es einmal so: Lasse den Gedanken innerlich los. Dann sch-atmest du völlig absichtslos. Sch-atme durch deinen Hals- und Kopfraum und durch den Raum um den ganzen Kopf herum – nur einfach so, als gäbe es gar nichts zu klären. Führe die Sch-Wellen klärend und ordnend durch den ganzen Kopfraum, ohne dabei ein konkretes Ziel zu verfolgen.

Auch Räume lassen sich so klären, z. B. dein Arbeitsplatz. Schwierige Gespräche kannst du damit klären, schon bevor sie stattfinden. Du kannst dazu bei der innerlichen Vorbereitung darauf mit dem Sch-Reinigungsmantra arbeiten. Mache auch das nach Möglichkeit laut »sch«-end.

Denke einmal an eine bevorstehende Herausforderung. Nimm wahr, was währenddessen *in* dir passiert. Spürst du eine Veränderung im Körper? Vielleicht wird es eng im Hals. Oder du spürst einen Druck im Kopf. Bleibe dann genau dabei. Bleibe bei der Enge im Hals oder dem Druck im Kopf. Oder du bleibst bei deinem automatischen Denkgeschehen, wie beispielsweise: »Ich schaffe das nicht!« Vielleicht kannst du auch sehen oder spüren, wie sich diese Gedankenform wie eine dunkle Wolke an dich hängt?

Nun richte dich sitzend auf, sitze aufrecht und stolz. Lasse jetzt, so gut es dir gelingt, alle deine Erwartungen los – das ist wichtig. Dann »sch«-atme durch die Enge im Hals oder den Druck im Kopf. Und durch-sch-atme den dich belastenden Gedanken. Sch-atme und ziehe dabei die klärenden Energiewellen so weit hinaus, wie es notwendig ist, um alles Verstrickte zu klären; um es in Natürlichkeit und ein freies Fließen zurückführen zu lassen. Zu lassen! Zulassen! Denn nicht du selbst machst dies, sondern lasse es sich sch-end klären.

Bald kannst du spüren, wie dein innerer Zustand ruhiger wird und du wieder zuversichtlicher. Dann gehe in Kontakt mit diesem kleinen Samenkorn des Vertrauens, mit dem Samenkorn einer neuen Zuversicht. Beatme es. Beatme es ganz sanft sch-end, so wie eine Mutter ihr Kind trösten würde. Damit richten sich die Energien aus, und neue Impulse in dir werden aktiviert. Öffne dich dafür, dass dies tatsächlich geschieht. Auch im Mentalen ist eine natürlich ausgerichtete Energieschwingung die beste Basis, um zu wachsen, um schnell groß und stark zu werden. Lasse dich überraschen.

Zum Abschluss nimm über deine Füße Kontakt zur Erde auf. Dann kehre achtsam und in deinem Tempo wieder bewusst zurück in die alltägliche Realität.

Licht-Zylinder: Defragmentierung

Was bedeutet Defragmentierung und was bewirkt sie?

Vermutlich hast du auch schon erlebt, dass auf deinem Computer im Laufe der Zeit der Zugriff auf Dateien langsamer wurde. Dann war es notwendig, die Festplatte zu defragmentieren. Der Grund dafür ist folgender:

Auf der Festplatte eines Rechners werden Dateien normalerweise hintereinander gespeichert, so wie Lieder auf einer CD. Wenn später einige Dateien (oder Teile von Dateien) gelöscht werden, entstehen dabei Lücken. In diesen Lücken werden dann neue Dateien abgespeichert. Ist dabei eine Datei größer als ein solcher freier Platz, wird nur der erste Teil der Datei dort abgelegt und der Rest an einer anderen freien Stelle. Die Dateien werden dann also beim Abspeichern zerlegt, fragmentiert. Wenn du später auf eine solche Datei zugreifst, muss dein Programm an mehreren Stellen der Festplatte suchen und einlesen. Das dauert länger als bei einer frischen Festplatte, wo die Dateien jeweils an nur einem Ort gespeichert sind.

Beim Defragmentieren werden die Dateien auf der Festplatte so umsortiert, dass sie nicht länger zerstückelt sind. Dadurch beschleunigt sich der Datenzugriff wieder. Hilfreich fürs Defragmentieren ist, vorher alle nicht mehr benötigten Dateien zu entfernen.

Der Speicher in unserem Kopf: Zur Wirkung des Lichtwerkzeugs

Unendlich viele Erlebnisse, Glücksmomente, Träume, schmerzhafte Erfahrungen, Schocks, Hoffnungen und Sehnsüchte haben ihren Abdruck in uns hinterlassen. Selbst wenn wir über die Zeit vieles davon bewusst wieder vergessen, wird im Laufe des Lebens unsere »Festplatte« immer voller. Es wäre gut, auch dort einmal aufzuräumen. Das ist die Funktion dieses Lichtwerkzeuges. Es entfernt alten, überflüssigen Ballast, längst überholte Konzepte, Reste von behindernden Gedanken, ob sie uns bewusst sind oder nicht. Darüber hinaus vernetzt das Lichtwerkzeug bereits vorhandenes und in uns angelegtes Wissen neu miteinander, beispielsweise zueinander passende Erfahrungen aus unterschiedlichen Lebensbereichen. So wird bisher ungenutztes Potential geweckt und die Palette der Denk- und Wahlmöglichkeiten in herausfordernden Situationen erweitert. Die Menge der für eine Lösung zur Verfügung stehenden inneren Ressourcen vermehrt sich auf diese Weise.

Das Lichtwerkzeug senkt auch die Gehirnwellenfrequenz. Die Stressabwehr und Selbstheilungskräfte werden angeregt und gestärkt. Und du kannst damit ein persönliches Drama, das durch immer gleiche Filme im Kopf oder durch bestimmte Außenreize wieder neu getriggert wird, ab- und ausbremsen.

Zur Einstimmung

Verbinde dich erneut mit der kraftvollen Energieschwingung der Ravnetunnel. Stelle dir vor, du sitzt im Tunnelsystem wieder auf einer der Holzbänke neben dem großen Megalithen K2. Stelle dir vor, deine Füße stehen dort auf dem natürlichen Lehmboden. Und stelle dir vor, du atmest dort die frische, kühle Luft ein.

Lasse innerlich los und entspanne in diesen Ort hinein. Stelle dir weiter vor, dass und wie dich nun der dünne, hellblaue Energielichtstrahl des Megalithen erreicht. Stelle dir vor, du hörst dabei auch das leise, elektrische Blöpp-Blöpp-Geräusch der kleinen Lichtblitzblasen in dem feinen Lichtstrahl, der nun dein Energieniveau anhebt.

Defragmentieren

Sprich innerlich die Bitte aus: »Bitte einmal sanft defragmentieren. Bitte dabei alten, überflüssigen Ballast, längst überholte Konzepte, Reste von mich lediglich behindernden Gedankenmustern, ob sie mir bewusst sind oder nicht, entfernen.«

Du spürst eine Berührung an deinem Oberkopf und um ihn herum. Ein feinstofflicher Zylinder legt sich auf Stirnhöhe um deinen Kopf, so wie ein Zylinderhut ohne Krempe, der oben offen ist. Das geschieht feinstofflich und ist auch physisch ganz zart spürbar. Der Zylinder ragt oben etwa zehn Zentimeter über deinen Kopf hinaus.

Es prickelt angenehm unter deiner Schädeldecke und fühlt sich an, als könntest du dort viele sehr feine Sauerstoffbläschen spüren. Es erinnert an das bitzelnde Brausepulver, das du vielleicht als Kind gelutscht hast. Alte, stagnierte Energien werden gelockert. Belastende Gedankenformen, die zu viel Raum einnehmen, weil sie sich in deinem Kopf ausgebreitet haben, werden verdichtet, auf den Punkt gebracht und dann in einem Stück entnommen. Du spürst das Prickeln auch hinter deiner Stirn und hinter den Augen und im Kiefergelenk. Dann auch in deinen Ohren und Gehörgängen. Da sitzen Echos von Worten, die sich da verhakt haben, obwohl es vielleicht schon Jahre oder gar Jahrzehnte her ist, dass du sie gehört hast. Auch sie werden defragmentiert, um dann in einem Stück komplett entfernt zu werden. In deinem Kopf und deinem Gehirn wird es angenehm leicht und frei. Das braucht seine Zeit. Es scheint einiges zu tun zu sein.

Vielleicht magst du für einen Moment die Augen schließen, um dir dies noch intensiver vorzustellen. Genieße, wie das Lichtwerkzeug an dir arbeitet.

Dann merkst du: Der Vorgang setzt sich hinten im Rücken fort, in den Muskeln des Rückens und den Schultern. Dann in der Armmuskulatur und in den Beinen.

Nun geht vom Gehirn aus, verstärkt durch den Zylinder, der immer noch um deinen Oberkopf liegt, ein Energieimpuls durch den gesamten Körper. Es ist ein Impuls, der überall im Körper alte Stressspannungen aufspürt, sie lockert und dann entfernt. So hast du die Chance, innerlich endlich wieder in einen natürlichen und friedlichen Zustand hinein zu entspannen.

Halte auch dafür jetzt für einen Moment inne, schließe die Augen und begleite auch dies innerlich mit deiner Aufmerksamkeit.

Zum Schluss fährt vom Scheitelpunkt ausgehend eine Art Harke sanft durch dein gesamtes Energiefeld, auf allen Seiten des Körpers von ganz oben bis ganz nach unten. So wie eine Harke die Erde in einem Beet lockert, lockert diese Energieharke verhärtete Energiestrukturen. Sie erfasst dabei auch das, was wie energetisches Unkraut noch in deinem Energiefeld steckt, und entfernt es. Danach ruckelt sich das befreite Feld zurecht. Es dehnt sich seiner ursprünglichen Natur folgend ein Stück weiter aus.

Kehre achtsam und in deinem Tempo wieder bewusst hierher in die alltägliche Realität zurück.

Tabelle 1: **Übersicht der Lichtwerkzeuge**

Lichtwerkzeug	**Anwendungszweck**	**Zeitaufwand**
Schnell & Easy I: Heilkräfte aktivieren	Erleichterung und Unterstützung der Heilung, z. B. bei einer Verletzung oder bei Schmerzen	5 - 10 Minuten
Aventurinlicht: Balance und Aufrichtung	– beruhigt das Denken – bringt innere Leichtigkeit – gleicht die rechte und linke Körperseite aus, das Weibliche und Männliche in uns – für innere und äußere Aufrichtung – hilft, in und bei dir selbst anzukommen	20 Minuten
Drachenkrone: Gehe auf klaren Empfang	– macht innerlich klar und wach, selbst wenn eine einschüchternde Autorität gegenübersteht – hilft zu unterscheiden, welche Informationen falsch und welche wahr sind – hilft rechtzeitig ein Stopp setzen, um eine Situation in Ruhe zu überdenken – öffnet verlässlich den Kanal ‚nach oben'	25 - 30 Minuten
Orange Sun: Ein außergewöhnliches Licht	öffnet den inneren Raum eines freien und befreienden Zustandes *Es wird auch erklärt, wie du den Besuch eines Kraftortes dafür nutzen kannst, um neue Klarheit und frische Impulse für schwierige Lebenssituationen zu erhalten, Antworten auf eine Frage oder Hilfestellung für die Verwirklichung eines Wunsches.*	35 Minuten

Lichtwerkzeug	Anwendungszweck	Zeitaufwand
Orakelstein: Antwort auf Herzens-Fragen	Rat finden und Antworten auf drängende Fragen	10 - 20 Minuten
Rhodonitrosette: Aus dem Herzen handeln	– Aktivierung des Herzens – hilft klar zu erkennen, was für ein Projekt, eine Aufgabe oder die Erreichung eines Zieles zu tun ist	20 - 30 Minuten
Menhir: Sehnsucht als Kompass	– erforschen, wo du in deinem Leben nicht deinem inneren Kompass oder der Stimme deines Herzens folgst – ergründen, wonach du dich wirklich sehnst (erst wenn du das klar benennen kannst, hast du die Chance, dein Leben entsprechend zu verändern)	20 - 30 Minuten
Wunschquelle: Wenn du es glaubst, wird es wahr	ein Thema, ein Projekt oder ein Problem mit der Kraft der vier Elemente durchleuchten und erhellen	30 Minuten
Feuertänzerin: Zähme überschießendes Feuer in dir	besänftigt jegliche Art von überschießendem Feuer in dir, beispielsweise Entzündungsherde oder auch heftige Emotionen	20 - 30 Minuten
Geweihschale: Heil-Impulse für die Erde 1	dient nicht dem persönlichen Nutzen, ist ein »Werkzeug des Dienstes« und sendet Heil-Impulse an die Erde und das Kollektiv	15 - 20 Minuten
Selenitkristallstab: Heil-Impulse für die Erde 2	– auch dies ist ein »Werkzeug des Dienstes«, sendet Heil-Impulse in die Erde – wirkt lokal, zum Beispiel für ein Blumenbeet oder einen bestimmten Baum	5 - 10 Minuten

Lichtwerkzeug	Anwendungszweck	Zeitaufwand
Schnell & Easy II: Zurück zu natürlicher Ordnung	– dich in kurzer Zeit energetisieren und erfrischen – alte, stockende Energie wird durch klare Ursprungs-Energie ausgetauscht und der Körper gestärkt	5 - 10 Minuten
Drachenhelm: Unbeeinflusst und frei denken und sein	– Gedankenmuster antrainierten Funktionierens abschalten – unbeeinflusst und frei denken (z. B. wenn eine Entscheidung ansteht) – groß denken und träumen – dich sicher, geschützt und behütet fühlen – innere Ruhe und Frieden finden	15 - 20 Minuten
Sch-Mantra: Reinigung und Neuordnung	– lästige Gedankenschleifen im Kopf durchbrechen – Energien klären (in Räumen oder in Menschen) – zu einem belastenden Thema oder Problem innerlich Abstand finden und eine neue, konstruktive Perspektive dafür entwickeln	25 Minuten
Lichtzylinder: Defragmentierung	– im Laufe des Lebens wird unser Speicher im Kopf immer voller, dieses Lichtwerkzeug räumt hier wohltuend auf – latentes Potenzial wird aktiviert – persönliches ‚Drama', das durch immer gleiche Filme im Kopf belebt oder durch bestimmte Außenreize immer wieder neu getriggert wird, wird ausgebremst – Stressabwehr und Selbstheilungskräfte werden angeregt	20 Minuten

Tabelle 2: **Welches Lichtwerkzeug passt jetzt für mich?**

Wenn mehrere Werkzeuge geeignet sind, kann dir die *Übersicht der Lichtwerkzeuge* helfen zu entscheiden, welches am besten passt.

Dein Anliegen	**dafür geeignete Lichtwerkzeuge**
Physische Heilung	**Lichtwerkzeug 1:** Schnell & Easy I: Heilkräfte aktivieren **Lichtwerkzeug 9:** Feuertänzerin: Zähme überschießendes Feuer in dir **Lichtwerkzeug 14:** Sch-Mantra: Reinigung und Neuordnung
Zur Ruhe kommen	**Lichtwerkzeug 2:** Aventurinlicht: Balance und Aufrichtung **Lichtwerkzeug 13:** Drachenhelm: Unbeeinflusst und frei denken und sein **Lichtwerkzeug 14:** Sch-Mantra: Reinigung und Neuordnung **Lichtwerkzeug 15:** Lichtzylinder: Defragmentierung
In die Balance bekommen	**Lichtwerkzeug 2:** Aventurinlicht: Balance und Aufrichtung
Klar und wach werden	**Lichtwerkzeug 3:** Drachenkrone: Gehe auf klaren Empfang **Lichtwerkzeug 13:** Drachenhelm: Unbeeinflusst und frei denken und sein **Lichtwerkzeug 14:** Sch-Mantra: Reinigung und Neuordnung **Lichtwerkzeug 15:** Lichtzylinder: Defragmentierung
Grenzen setzen	**Lichtwerkzeug 3:** Drachenkrone: Gehe auf klaren Empfang **Lichtwerkzeug 13:** Drachenhelm: Unbeeinflusst und frei denken und sein
Intuition aktivieren	**Lichtwerkzeug 3:** Drachenkrone: Gehe auf klaren Empfang **Lichtwerkzeug 5:** Orakelstein: Antwort auf Herzens-Fragen

Dein Anliegen	**dafür geeignete Lichtwerkzeuge**
Antworten finden	**Lichtwerkzeug 4:** Orange Sun: Ein außergewöhnliches Licht **Lichtwerkzeug 5:** Orakelstein: Antwort auf Herzensfragen
Ein Projekt aktivieren, bereichern oder stärken	**Lichtwerkzeug 5:** Orakelstein: Antwort auf Herzensfragen **Lichtwerkzeug 6:** Rhodonitrosette: Aus dem Herzen handeln **Lichtwerkzeug 8:** Wunschquelle: Wenn du es glaubst, wird es wahr **Lichtwerkzeug 13:** Drachenhelm: Unbeeinflusst und frei denken und sein **Lichtwerkzeug 14:** Sch-Mantra: Reinigung und Neuordnung
Die eigene Richtung finden	**Lichtwerkzeug 7:** Menhir: Sehnsucht als Kompass **Lichtwerkzeug 13**: Drachenhelm: Unbeeinflusst und frei denken und sein **Lichtwerkzeug 14:** Sch-Mantra: Reinigung und Neuordnung
Innere Leichtigkeit	**Lichtwerkzeug 2:** Aventurinlicht: Balance und Aufrichtung **Lichtwerkzeug 4:** Orange Sun: Ein außergewöhnliches Licht
Aktivierung des Herzens	**Lichtwerkzeug 6:** Rhodonitrosette: Aus dem Herzen handeln
Erd-Heilungen	**Lichtwerkzeug 10:** Geweihschale: Heilimpulse für die Erde 1 **Lichtwerkzeug 11**: Selenitkristallstab: Heilimpulse für die Erde 2
Neue Kraft sammeln	**Lichtwerkzeug 12:** Schnell & Easy II: Zurück zu natürlicher Ordnung **Lichtwerkzeug 14:** Sch-Mantra: Reinigung und Neuordnung

Dein Anliegen	dafür geeignete Lichtwerkzeuge
Innere Sicherheit	**Lichtwerkzeug 13:** Drachenhelm: Unbeeinflusst und frei denken und sein
Mein Potenzial aktivieren	**Lichtwerkzeug 15:** Lichtzylinder: Defragmentierung
Energien klären	**Lichtwerkzeug 12**: Schnell & Easy II: Zurück zu natürlicher Ordnung **Lichtwerkzeug 14:** Sch-Mantra: Reinigung und Neuordnung

Dein Leben in nur sieben Tagen upgraden: Lichtwerkzeuge-Challenge

So kannst du dein Leben in nur einer Woche nachhaltig bereichern: Verpflichte dich innerlich, sieben Tage lang je 45 Minuten Zeit in dich und dein Wachstum zu investieren; sowie in das, was dir am Herzen liegt. Alles, was dafür erforderlich ist, ist dein Commitment.

Entschließe dich noch heute und mach mit

Auf ein Blatt Papier, das du während der sieben Tage gut sichtbar irgendwo in deiner Wohnung aufhängst, schreibe so etwas in der Art wie:

> ***Selbstverpflichtung***
> *Ich beginne mit meiner Lichtwerkzeuge-Challenge am __.__.__ (dein Start-Datum,) und ich werde sie jeden Tag mit dem Challenge-Tagebuch begleiten.*

Vorbereitung der Challenge *(Zeitaufwand: 20 Minuten)*

Schau dir die *Übersicht der Lichtwerkzeuge* an, sowie *Welches Lichtwerkzeug passt jetzt für mich?*. Entscheide möglichst spontan, welches

Werkzeug du am Tag 1 deiner Challenge einsetzen möchtest. Trage das in der folgenden Tabelle ein. Dann entscheide weiter und notiere, welche Werkzeuge du für die Tage 2 bis 7 wählst. Es müssen nicht notwendigerweise 7 verschiedene Lichtwerkzeuge sein, auch Doppelungen sind möglich.

Tabelle 3

Notiere hier in der letzten Spalte zu jedem von dir gewählten Lichtwerkzeug kurz in Stichworten oder in wenigen Sätzen, warum du es anwenden möchtest.

(Tabelle 3)

Tag	Licht-Werkzeug	Wofür (oder wogegen) möchte ich das Licht-Werkzeuge anwenden? Was wäre dabei für mich das bestmögliche und schönste Ergebnis?
1		
2		
3		
4		
5		
6		
7		

Lichtwerkzeuge-Challenge-Tagebuch

Tag 1

Verwendetes Lichtwerkzeug: ______________________________

1. Lies bitte noch einmal im Einführungskapitel den kurzen Abschnitt *Einführung in die Arbeit mit den Lichtwerkzeugen.*

2. Schau in die obige Tabelle und mach dir noch einmal kurz bewusst, aus welchem Grund du dich für das heutige Lichtwerkzeug entschieden hast. Was erwartest du dir von seiner Anwendung?

3. Nimm dir nun die Zeit, das Lichtwerkzeug in Ruhe zu benutzen.

4. Danach halte unten im Textfeld das, was du bei der Anwendung erfahren hast, mit wenigen Sätzen oder Stichworten fest. Deine Notizen können neue Erkenntnisse betreffen oder Schilderungen energetischer Erfahrungen sein. Oder du hältst fest, wie gut dir die Anwendung gelungen ist: Wie sicher hast du dich heute mit dem Lichtwerkzeug gefühlt? Was funktionierte vielleicht verblüffend leicht? Wie gut ist es dir gelungen, die Kontrolle abzugeben und dich von der Energie führen und tragen zu lassen? Dabei geht es bitte nicht um eine Beurteilung, sondern lediglich um ein entspanntes Wahrnehmen dessen, was geschehen ist. Vielleicht bekommst du jetzt auch eine Idee, was du morgen ein bisschen anders machen möchtest?

Tag 2

Verwendetes Lichtwerkzeug: ______________________________

1. Erinnere dich, aus welchem Grund du dich für das heutige Lichtwerkzeug entschieden hast. Was erwartest du dir von seiner Anwendung?

2. Nimm dir nun die Zeit, das Lichtwerkzeug in Ruhe zu benutzen.

3. Danach halte im Textfeld das, was du bei der Anwendung erfahren hast, mit wenigen Sätzen oder Stichworten fest. Deine Notizen können neue Erkenntnisse betreffen oder Schilderungen energetischer Erfahrungen sein. Oder du hältst fest, wie gut dir die Anwendung gelungen ist: Wie sicher hast du dich heute mit dem Lichtwerkzeug gefühlt? Was funktionierte vielleicht verblüffend leicht? Wie gut ist es dir gelungen, die Kontrolle abzugeben und dich von der Energie führen und tragen zu lassen? Dabei geht es bitte nicht um eine Beurteilung, sondern lediglich um ein entspanntes Wahrnehmen dessen, was geschehen ist. Vielleicht bekommst du auch eine Idee, was du morgen ein bisschen anders machen möchtest?

Tag 3

Verwendetes Lichtwerkzeug: ______________________________

1. Mach dir kurz bewusst, aus welchem Grund du dich für das heutige Lichtwerkzeug entschieden hast. Was erwartest du dir von seiner Anwendung?

2. Nimm dir nun die Zeit, das Lichtwerkzeug in Ruhe zu benutzen.

3. Abschließend halte im Textfeld das, was du bei der Anwendung erfahren hast und was dir aufgefallen ist, mit wenigen Sätzen oder Stichworten fest.

Tag 4

Verwendetes Lichtwerkzeug: ______________________________

1. Mach dir kurz bewusst, aus welchem Grund du dich für das heutige Lichtwerkzeug entschieden hast. Was erwartest du dir von seiner Anwendung?

2. Nimm dir nun die Zeit, das Lichtwerkzeug in Ruhe zu benutzen.

3. Abschließend halte hier mit wenigen Sätzen oder Stichworten fest, was du bei der Anwendung erfahren hast und was dir aufgefallen ist.

Tag 5

Verwendetes Lichtwerkzeug: ______________________________

1. Mach dir kurz bewusst, aus welchem Grund du dich für das heutige Lichtwerkzeug entschieden hast. Was erwartest du dir von seiner Anwendung?

2. Nimm dir nun die Zeit, das Lichtwerkzeug in Ruhe zu benutzen.

3. Abschließend halte mit wenigen Sätzen oder Stichworten fest, was du bei der Anwendung erfahren hast und was dir aufgefallen ist.

Tag 6

Verwendetes Lichtwerkzeug: ______________________________

1. Mach dir kurz bewusst, aus welchem Grund du dich für das heutige Lichtwerkzeug entschieden hast. Was erwartest du dir von seiner Anwendung?

2. Nimm dir nun die Zeit, das Lichtwerkzeug in Ruhe zu benutzen.

3. Abschließend halte mit wenigen Sätzen oder Stichworten fest, was du bei der Anwendung erfahren hast und was dir aufgefallen ist.

Tag 7

Verwendetes Lichtwerkzeug: ______________________________

1. Mach dir kurz bewusst, aus welchem Grund du dich für das heutige Lichtwerkzeug entschieden hast. Was erwartest du dir von seiner Anwendung?

2. Nimm dir nun die Zeit, das Lichtwerkzeug in Ruhe zu benutzen.

3. Abschließend halte mit wenigen Sätzen oder Stichworten fest, was du bei der Anwendung erfahren hast und was dir aufgefallen ist.

Nachwort

Es hat mir Freude bereitet, dieses Buch zu schreiben. Das lag daran, dass die Lichtwerkzeuge so vielfältig, kreativ und so verspielt sind. Sie halten sich nicht an Konventionen, und sie reißen die Wände nieder, die (wie wir so oft glauben) zwischen Traum und Realität stehen.

Ich wünsche dir von Herzen, dass du beim Lesen des Buches und bei der Anwendung der Lichtwerkzeuge nicht zuletzt erkannt hast: »Ich bin frei, zu experimentieren und zu spielen im Leben. Ich besitze die Macht und habe die Möglichkeit, die bisherigen Dimensionen meines Lebens zu durchbrechen: frech, bunt, mutig und erfolgreich. Ich weiß nun, wie ich den Zugang und die Tür zu meiner Intuition und meiner inneren Führung öffnen kann.«

Möge die Kraft mit dir sein. Und mögen die Lichtwerkzeuge dich dabei unterstützen.

Ich freue mich über Rückmeldungen

Ich freue mich über deine Rückmeldung, wie es dir mit dem Buch und bei der Arbeit mit den Lichtwerkzeugen ergangen ist, an info@Kira.Klenke.de. Ich beantworte jede E-Mail persönlich, wenn es auch manchmal ein bisschen dauern kann. Auch deine Fragen beantworte ich gerne.

Dir hat das Buch gefallen?

Dann nimm dir bitte einige Minuten Zeit, es auf Amazon zu bewerten. Oder gerne auch an anderer Stelle. Rezensionen sind enorm wichtig, weil dadurch andere Menschen auf ein Buch aufmerksam werden. Es ist nicht erforderlich, dass deine Rezension lang ist, wenige Sätze reichen völlig. Vielen Dank!

Herzliche Grüße
Kira Klenke

Bildnachweise

Abb. auf S. 28: erstellt von Kira Klenke auf der Basis von https://pixabay.com/de/photos/frau-mode-haut-schöne-mädchen-3191152/ und https://pixabay.com/de/illustrations/ball-glänzender-ball-grafik-button-1974678/

Abb. auf S. 66: erstellt von Kira Klenke auf der Basis von https://pixabay.com/de/illustrations/drache-kopf-reptil-schuppig-tier-1571287/, https://pixabay.com/de/vectors/schönheit-gesicht-mädchen-kopf-1299249/ und https://pixabay.com/de/vectors/rüstung-drache-herr-der-ringe-ruder-1197383/

Abb. auf S. 93: Kira Klenke

Über die Autorin

Die promovierte Mathematikerin und pensionierte Professorin Kira Klenke ist eine erfahrene Lichtarbeiterin und Intuitive. Sie hat vor vielen Jahren gelernt, wie sie in der Meditation einen grenzenlosen Raum jenseits von Alltagslogik und rationalem Verstand betreten kann. Das hat ihr Leben grundlegend verändert. Erstaunlich schnell konnte sie dann vorher unbezwingbare Hindernisse überwinden. Mit einer ihr bis dahin nicht bekannten Sicherheit ist sie ihrem Herzensruf, ihrem wahren Naturell und ihren bis dahin unerfüllten Träumen gefolgt. Innerlich geführt, fand sie so ihren Traumjob und ihren Traummann. Ihr Leben wurde friedlicher, sinnerfüllter und erfolgreicher.

Nachdem sie zuvor ihr ganzes Leben lang nur in Großstädten zuhause war, lebt Kira Klenke heute als Autorin mit ihrem Mann (und im Sommer auch einigen Schafen) in einem kleinen Dorf in Niedersachsen.

Kira Klenke möchte mit ihren Büchern Menschen dabei unterstützen, glücklich, erfolgreich und vor allem authentisch und sinnerfüllt zu leben. Ihre besondere Stärke ist die Verbindung von feinfühliger, hochschwingender Intuition und logischer Struktur und Klarheit.

In den Zahlen die Persönlichkeit entdecken

Mit diesem umfassenden Handbuch haben Sie die Möglichkeit, über Geburtsdatum und Namen eines Menschen ein vielschichtiges Charakterbild zu bekommen: Wie ein Mensch nach außen wirkt, was ihn im Herzen bewegt, welches sein Schicksalsweg ist, was sein Lebensziel ist und wo seine Stärken und Schwächen liegen.

Editha Wüst, Sabine Schieferle
Das große Handbuch der Numerologie
Mit den Zahlen sich selbst erkennen
Klappenbroschur, 240 Seiten, mit vielen Übersichten und Tabellen
ISBN 978-3-89060-559-3

Die Runen für Magie und Weissagung und als Einweihungsweg

Runen sind Sinnzeichen, symbolisieren Schöpfungsgesetze, bilden kosmische Muster ab. In diesem Buch werden sie in ihrer ganzen Tiefe ausgelotet und erlauben einen frischen, klaren Zugang. Die Autorin erschließt uns den ganzen Runenkosmos: als magische Werkzeuge, für die Weissagung und als Weisungen auf unserem persönlichen Entwicklungsweg. Dieses Buch wendet sich an alle, die ein Interesse daran haben, sich selbst weiterzuentwickeln und dazu die Runen als Hilfsmittel nutzen möchten.

Constanze Steinfeldt
Das große Praxisbuch der Runen
Klappenbroschur, 272 Seiten
ISBN 978-3-89060-700-9

Es ist Zeit für ... The Deeper Secret

Das »Gesetz der Anziehung« ist nur eines von zwölf universellen Gesetzen. Diese zwölf Gesetze hat Annemarie Postma in diesem Buch lebens- und praxisnah beschrieben. Und sie stellt klar: Diese Gesetze zu kennen und im eigenen Leben anzuwenden ist kein Fingerschnippen, sondern ein Prozess lebenslangen Lernens und Übens. Und dazu ist ihr Buch ein Wegbegleiter, den man immer wieder zur Hand nehmen sollte. Fülle stellt sich ein, wenn wir nicht mehr fragen: »Was kann das Universum für mich tun?« sondern: »Was kann ich fürs Weltganze tun?«

Annemarie Postma
The Deeper Secret
Das Tiefere Geheimnis
Pappband mit Lesebändchen, 160 Seiten
ISBN 978-3-89060-581-4

Es gibt immer eine Lösung!

Diese einzigartige Methode ist weit mehr als ein Orakel: Es werden Steine geworfen, um eine Situation zu spiegeln und für uns zu klären. Dabei steht jeder Stein für einen »Akteur«, das kann ein Mensch oder eine Gegebenheit sein. Das Faszinierende nun: Wenn wir die Steine verschieben und neu anordnen, bis sie sich stimmig anfühlen, dann folgt bei entsprechender innerer Ausrichtung auf kurz oder lang die Lösung der uns belastenden Situation, sie wird harmonisch und wohltuend für alle Beteiligten.

Kira Klenke
Das Sedona-Stein-Orakel
Die Lösung ist nur einen Steinwurf entfernt
Klappenbroschur, 112 Seiten,
mit vielen farbigen Abbildungen
ISBN 978-3-89060-784-9

Das Übungsbuch zum Pfad der eigenen Seele

Jeder Mensch hat eine Bestimmung, das ist der Pfad seiner Seele. Wenn wir zu sehr davon abweichen, wird das Leben mühsam und schwierig. Mit diesem kleinen Übungsbuch finden wir zurück auf unseren Weg, den ureigenen Pfad der Seele.

Kira Klenke hat mit dem SOULPATH-Training eine außergewöhnliche praktische Methode entwickelt, mit der wir intuitiv in uns selbst erspüren können, was nötig ist, damit wir jeden Morgen voller Vorfreude auf den Tag aufstehen.

Kira Klenke
Finde deinen Seelenpfad
Das SOULPATH-Training
Paperback, 144 Seiten
ISBN 978-3-89060-726-9

NEUE ERDE im Buchhandel

Neue Erde ist ein kleiner unabhängiger Verlag, und der unabhängige Buchhandel ist unser natürlicher Partner. Wir unterstützen die Initiative »buy local«.

Sollte es Lieferschwierigkeiten bei den Büchern von NEUE ERDE geben, lassen Sie immer im VLB (Verzeichnis lieferbarer Bücher) nachsehen, im Internet unter **www.buchhandel.de**

Alle lieferbaren Titel des Verlags sind für den Buchhandel verfügbar.

Auch mobil können Sie, zum Beispiel mit LChoice, unsere Bücher beim örtlichen Buchhändler kaufen.

Sie finden unsere Bücher auch auf unserer Homepage **www.neue-erde.de** oder in unserem Gesamtverzeichnis, welches Sie gerne hier anfordern können:

NEUE ERDE GmbH
Cecilienstr. 29 · 66111 Saarbrücken
info@neue-erde.de

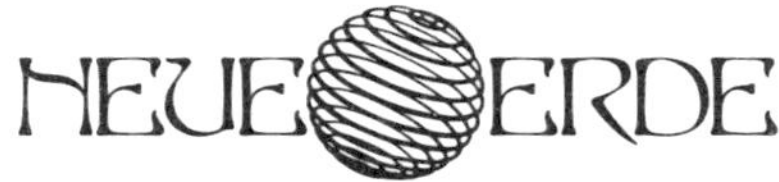